COLEÇÃO
TEMAS & EDUCAÇÃO

Estética & Educação

Gabriel Perissé

Estética & Educação

2ª edição

autêntica

Copyright © 2009 Gabriel Perissé
Copyright © 2009 Autêntica Editora

Todos os direitos reservados pela Autêntica Editora. Nenhuma parte desta publicação poderá ser reproduzida, seja por meios mecânicos, eletrônicos, seja via cópia xerográfica, sem a autorização prévia da editora.

COORDENAÇÃO DA COLEÇÃO TEMAS & EDUCAÇÃO
Alfredo Veiga-Neto

CONSELHO EDITORIAL
Alfredo Veiga-Neto – ULBRA/UFRGS, *Carlos Ernesto Noguera* – Univ. Pedagógica Nacional de Colombia, *Edla Eggert* – UNISINOS, *Jorge Ramos do Ó* – Universidade de Lisboa, *Júlio Groppa Aquino* – USP, *Luís Henrique Sommer* – ULBRA, *Margareth Rago* – UNICAMP, *Rosa Bueno Fischer* – UFRGS, *Sílvio D. Gallo* – UNICAMP

EDITORA RESPONSÁVEL
Rejane Dias

REVISÃO
Ana Carolina Lins Brandão

DIAGRAMAÇÃO
Luiz Flávio Pedrosa

Dados Internacionais de Catalogação na Publicação (CIP)
(Câmara Brasileira do Livro)

Perissé, Gabriel

Estética & Educação / Gabriel Perissé. – 2. ed. – Belo Horizonte : Autêntica Editora, 2014. – (Coleção Temas & Educação)

Bibliografia.

ISBN 978-85-7526-370-9

1. Arte 2. Arte - Estudo e ensino 3. Educação 4. Estética 5. Filosofia 6. Professores - Formação I. Título. II. Série.

08-11788   CDD-370.1

Índices para catálogo sistemático:
1. Educação e estética 370.1
2. Estética e educação 370.1

GRUPO **AUTÊNTICA**

Belo Horizonte
Rua Aimorés, 981, 8º andar . Funcionários
30140-071 . Belo Horizonte . MG
Tel.: (55 31) 3214 5700

São Paulo
Av. Paulista, 2.073, Conjunto Nacional,
Horsa I . 23º andar, Conj. 2301 . Cerqueira
César . 01311-940 . São Paulo . SP
Tel.: (55 11) 3034 4468

Televendas: 0800 283 13 22
www.grupoautentica.com.br

Sumário

Prefácio 7

Capítulo I
Estética: sua natureza e seu objeto 9

Capítulo II
Arte, filosofia e educação 25

Capítulo III
A formação estética dos professores 41

Capítulo IV
O universo das artes e a didática 57

Capítulo V
A arte de ensinar o que a arte ensina 77

Referências 97

Prefácio

Acompanho o trabalho de Gabriel Perissé desde a década de 1980, suas pesquisas e suas publicações sobre as relações entre ensinar e criação artística. Este livro que me cabe apresentar constitui mais um passo no aprofundamento dessa sua reflexão.

Neste novo livro, Estética e Educação se combinam da maneira mais harmoniosa, e por vezes também audaciosa, tendo como pano de fundo, contrastante, a distância prática que ainda existe em nossas salas de aula entre duas realidades tão próximas do ponto de vista teórico.

De fato, se na teoria admitimos quase como "natural" a necessidade de que faz parte da formação humana receber uma educação estética e ao mesmo tempo ter contato com uma estética que nos eduque, percebemos, no dia a dia dos educadores, poucas iniciativas que concretizem as intenções teóricas.

O autor faz-nos entender que essa dissonância tem uma razão. É que nós, professores, carecemos de experiências estéticas significativas, pois nossa formação para a beleza, para a arte, para a criação é deficiente. Daí que, em consequência, seja deficiente, nesse aspecto, nossa prática educativa.

Um dos méritos deste livro, talvez o seu maior mérito, consiste em acreditar e levar à crença de que refletir e agir esteticamente são formas de aperfeiçoar-nos como educadores. Somos convidados, portanto, a conversar com as musas (filhas de Mnemosyne), as artes, dom que os deuses (conforme uma antiga tradição) concederam ao homem para ajudá-lo a lembrar-se do que é essencial.

Impõe-se uma alfabetização estética. Ou corremos o risco de praticar uma educação limitada e limitadora. Nesse sentido, vem-me à memória o verso de Hölderlin: "Wozu Dichter in dürftiger Zeit?" – "Para que poetas em tempos de penúria?". Essa penúria nada tem a ver com as crises econômicas, mas com uma indigência mais radical. A ausência de beleza e sentido no âmbito da educação, o saber apenas como instrumento para o crescimento profissional, o injusto desprestígio social da função docente, a educação transformada em mera mercadoria, tudo isso compõe um quadro de miséria espiritual, para a qual as mentes poéticas estão mais atentas do que qualquer outra.

Detectar nossas carências estéticas nos inspira a retomar e atualizar a pergunta de Hölderlin, pensando em que é justamente como poetas que devemos nos comportar em tempos de penúria, de insegurança e incertezas.

Este livro de Gabriel Perissé, inspirado por aquelas musas que nos vêm auxiliar quando mais precisamos, é contribuição poético-pedagógica relevante para um tempo em que a educação brasileira, ameaçada de mil formas, deve tornar-se prioridade para todos nós.

Jean Lauand
Professor Titular da Faculdade de
Educação da Universidade de São Paulo

| Capítulo I

Estética: sua natureza e seu objeto

Com quantos livros se escreve um livro?

O *Vocabulaire d'esthétique*, sob a responsabilidade e a orientação do filósofo francês Étienne Souriau (1892-1979), e de sua filha Anne num segundo momento, obra concebida como uma espécie de "Lalande"[1] da estética, tem 1.400 páginas e cerca de 1.800 verbetes, entre os quais *"Esthétique"*, ocupando somente quatro páginas. Na maior parte do livro surgem múltiplas questões, inumeráveis desdobramentos, centenas de termos que podemos conhecer para nos aproximar do tema.

A título de exemplo, só a palavra "essência", no contexto que nos interessa, apresenta três caminhos de reflexão: a essência da arte em geral (o que a arte é), a essência das artes (o que há de essencialmente artístico em cada uma delas) e as essências na arte (em que medida a poesia, o teatro, a pintura e as demais artes permitem um contato imediato com as essências inteligíveis, apreendidas conceitualmente pela filosofia e pela ciência).

O *Vocabulário* de Souriau contempla também algumas concepções estéticas: a hegeliana, a kantiana, a platônica, a marxista, a freudiana... Apresenta os principais traços da arte cristã, da arte islâmica, da arte japonesa, da arte egípcia... E define conceitos como "regionalismo", "refrão", "redundância", "realismo", "representação", "rima", etc.

O que mais desejar? A felicidade de permanecer horas e horas com esse livro de grandes pretensões e letras miúdas, como naquela

---

[1] O ambicioso projeto do *Vocabulário filosófico* de André Lalande (1867-1963) e da Sociedade Francesa de Filosofia teve sua primeira edição em 1926.

cena do conto justamente chamado "Felicidade clandestina", em que a personagem de Clarice Lispector (1920-1977) se deita e se deleita com *As reinações de Narizinho* – "um livro grosso, meu Deus, [...] um livro para se ficar vivendo com ele, comendo-o, dormindo-o" (LISPECTOR, 1998b, p. 10).

Ou talvez consultar algo mais sintético, como o *Dicionário do conhecimento estético*, do escritor piauiense Assis Brasil (1932-),[2] que com número muito menor de verbetes (tão somente 87) tenta cercar a arte por vários lados, bicho arisco escapando das nossas abordagens: arte e antiarte, arte e beleza, arte e cérebro, arte e erotismo, arte e feiura, arte e jogo, arte e liberdade, arte e política, arte e religião, arte e terapia, arte e estética...

Curiosa a epígrafe que abre esse dicionário de dicotomias. O autor escolheu um texto de Alfred de Vigny (1797-1863). Escreve o poeta francês: as *"oeuvres de l'imagination"*... as obras de arte possuem vida eterna e dispensam as polêmicas estéticas de Aristóteles, Abelardo, São Bernardo, Descartes, Leibniz, Kant, de "todos os filósofos". Adotando posição tipicamente romântica, descarta a discussão abstrata, prefere deliciar-se na fonte da juventude – Homero, Virgílio, Horário, Shakespeare, Molière, La Fontaine, Calderón, Lope de Vega...

Que seja esse o teor da epígrafe de um livro sobre conhecimento estético indica a profissão de fé do artista. Apesar de sua preocupação de dicionarista, apesar da bibliografia em que se apoia, dos autores a que recorre, submete-se a esse algo de misterioso, a esse "não-sei-quê" da obra artística. O conhecimento estético sempre vai deparar com um limite. Algo de inefável e indizível sempre há de surgir, colocando entre parênteses as pretensões da razão.

Assis Brasil faz uma distinção que vale a pena enfatizar. O fato de Alexander Baumgarten (1714-1762) ser considerado o criador da Estética como disciplina científica, pois cunhou a palavra com base nos termos gregos *aisthétikós* ("que possui a faculdade de sentir") e *aisthésis* ("sensação"), evidentemente não invalida a reflexão estética feita ao longo dos séculos anteriores nem a que se fazia no seu tempo, como, por exemplo, a do pensador irlandês

---

[2] Não confundi-lo com outro Assis Brasil, o escritor gaúcho Luiz Antônio de Assis Brasil (1945-). O nome completo do piauiense é Francisco de Assis Almeida Brasil.

contemporâneo Francis Hutcheson (1694-1747), com suas reflexões sobre a origem da ideia de beleza.

Naquele início de século XVIII, ao longo da Idade Média e pelo menos desde Platão (427-347 a.C.), já se praticava um estudo mais ou menos sistemático sobre o sentimento artístico, sobre a beleza, sobre a arte. E como poderia ser diferente, se cabe à filosofia tudo investigar?

Baumgarten emprega a palavra latina *aesthetica* no livro *Meditationes philosophicae de nonnullis ad poema pertinentibus*, sua tese de doutoramento, publicada em 1735. Nessas meditações filosóficas acerca da poesia, o jovem autor, influenciado pelo pensamento de Gottfried Leibniz (1646-1716) e Christian Wolff (1679-1754), relembra que os antigos gregos e os padres da Igreja haviam estabelecido a diferença entre "coisas percebidas pelos sentidos" (*aistheta*) e "coisas conhecidas pela inteligência" (*noeta*), entre realidades acessíveis aos sentidos e realidades noéticas. As realidades noéticas estão sob a responsabilidade da lógica, ao passo que as realidades sensíveis seriam objeto de uma "lógica inferior", uma "gnoseologia inferior", uma ciência da percepção, ou "estética" (cf. HARRISON; WOOD, 2001, p. 487-489).

Começou a trabalhar no aprofundamento teórico dessa nova ciência. O neologismo encabeçava o título do seu livro mais conhecido: *Aesthetica sive theoria liberalium artium*. Publicada em 1750, num latim sofrível, essa "Estética ou teoria das artes liberais" lançou as bases de um renovado e crescente interesse intelectual pela arte, "manifestação *sui generis* do espírito humano, talvez a que mais lhe dá dignidade" (ASSIS BRASIL, 1984, p. 86-87).

Para Baumgarten, que em algumas ocasiões usava o pseudônimo *Aletheophilus* ("amigo da verdade"), a finalidade da Estética é levar (elevar) para o reino das ideias claras (não esqueçamos que o autor é representante típico do seu século, o das Luzes) as sensações confusas e obscuras que experimentamos diante da poesia e da arte em geral. A Estética nos permitirá aperfeiçoar nosso conhecimento da beleza, será *ars pulchre cogitandi*, arte de pensar a beleza e de pensar belamente.

A propósito, a arte vive entre esses dois extremos. Por um lado, analisada pela razão cheia de si, é considerada algo "menor", uma vez que menores seriam também as faculdades da mente humana envolvidas em sua realização: a imaginação e a intuição.

Por outro lado, porém, é vista como algo que nos torna especialmente humanos. A confusão que a arte nos faz sentir é causada pela nossa própria sensibilidade, pois foram mãos humanas, guiadas por humanos sentimentos, que de algum modo conduziram a beleza ao mundo dos mortais.

Nada garante que a leitura de dezenas de livros, escritos antes e depois de Baumgarten, faça alguém entender o que é a arte ou o que é Estética. Por outro lado, se queremos compreender a natureza e o objeto da Estética, todas as leituras são bem-vindas. Contanto que saibamos conferir as palavras lidas com a realidade vivida. Se é verdade que a inteligência apenas vislumbra o que os olhos não veem, não basta o texto teórico, por mais claro e sugestivo que seja. A realidade artística necessita ser experimentada pessoalmente a fim de que se joguem luzes sobre as definições que buscamos com a razão... e o coração.

Todos os livros são bem-vindos. Livros que por sua vez indiquem ou comentem outros livros, como o *Dicionário de estética* organizado por dois professores italianos, Gianni Carchia (1947-2000) e Paolo D'Angelo (1956-), e publicado em 1999. No prefácio, mencionam obras antigas ou recentes que lhes serviram de parâmetro, inspiração ou exemplo negativo.

Referem-se ao *Vocabulário* de Souriau, criticando o fato de, na maior parte das vezes, deixar de lado o contexto histórico dos termos. Referem-se, elogiosamente, ao *Lexikon der Ästhetik*, de Wolfhart Henckmann e Konrad Lotter, publicado em 1992. Referem-se ao *A companion to aesthetics*, organizado por David Edward Cooper, vade-mécum com 130 artigos que procura contribuir para a crescente reabilitação da Estética entre os filósofos de língua inglesa. Como escreve Cooper na Introdução, até meados do século XX, no contexto anglo-americano, a Estética foi uma "Cinderela da filosofia" (COOPER, 1992, p. vii). Essa situação subalterna modificou-se. A Estética tornou-se tema popular em estudos acadêmicos na Inglaterra e nos Estados Unidos. Talvez jamais venha a se tornar a rainha da filosofia (lugar ocupado outrora pela Metafísica, hoje encarada por muitos como a bruxa da história...),[3] mas angariou recentemente, a Estética, admiradores

---

[3] A Ética seria hoje a rainha? Ou a Sociologia? Ou a Psicologia? Entre os cientistas, há quem afirme que a Rainha do saber humano é a Matemática ou a

de peso. A excessiva preocupação com o quadro atual da reflexão estética entre os autores de língua inglesa do século XX pode ser vista como limitação do manual de David Cooper.

Carchia e Paolo D'Angelo referem-se também a alentados dicionários de Estética dos séculos XVIII e XIX, obras de proporções enciclopédicas, cuja intenção era cobrir ao máximo toda a terminologia relativa a qualquer tipo de arte, desde a escultura à gravura, desde a poesia à jardinagem. A fragilidade desses empreendimentos estava em que acabavam se tornando excelentes dicionários para o leitor comum ou mesmo para o erudito, mas menos interessantes para o estudioso da Estética propriamente dita.

Referem-se igualmente a dicionários gerais de filosofia de que constam verbetes como Alegoria, Arte, Beleza, Catarse, Clássico, Estética, Estilo, Fantasia, Gosto, Imitação, Mimese, Poesia, Sublime, Trágico... Contudo, trata-se de termos que estarão presentes em enciclopédias comuns, sem a necessária atenção ao especificamente estético.

Essas referências e comentários não são casuais ou neutros. Servem como pano de fundo para a apresentação e a justificação do dicionário que eles, Carchia e D'Angelo, elaboraram. Uma das alegadas finalidades da obra é encontrar a dimensão genuinamente filosófica da Estética, evitando dispersar-se com a terminologia de cada uma das artes, tanto mais que essa terminologia é contemplada vantajosamente em títulos dedicados à teoria literária, à teoria musical, etc.

Por outro lado, tencionaram valorizar o perfil histórico dos termos escolhidos. "Originalidade", por exemplo, é vista como noção moderna, ou seja, pós-medieval, trabalhada sucessivamente por Kant (1724-1804), Schlegel (1767-1845), Hegel (1770-1831), Husserl (1859-1938) e Heidegger (1889-1976), ganhando novos matizes em cada abordagem. Há, digamos assim, evolução do termo, entendendo-se evolução como transformação e aprofundamento ao longo do tempo, mas sem se caracterizar aí um trajeto linear, ascendente, do "pior" para o "melhor".

Física. No futuro será a Genética? Para os medievais, a Teologia ocupava o trono e merecia todas as homenagens. A Filosofia era então *ancilla theologiae*, serva da Teologia, mas tinha também a sua própria nobreza: era vista por muitos, inclusive pelos teólogos, como *regina scientiarum*, rainha das ciências.

O número de 178 verbetes demonstra o esforço por concentrar-se no que de fato interessa a um dicionário de Estética – termos, categorias e correntes fundamentais que permitam uma visão ao mesmo tempo ampla e bem delimitada do âmbito em questão. Tal decisão metodológica explica a presença do vocábulo "inspiração" e a omissão de "instrumental" (em relação à música); explica a presença de "interessante", com... interessantes reflexões acerca dos limites entre ética e estética, e a omissão de "intermezzo", empregado na música e no teatro; explica a presença de "intuição" e a omissão de "intriga", elemento importante de uma peça dramática, de um romance, de um filme.

Reflexões estéticas antes da Estética

No verbete "Estética", a cargo de Gianni Carchia, parte-se da constatação de que podemos utilizar a palavra numa acepção generalizada, abstraindo-se de tempo e lugar. Já no mundo antigo e medieval, existia reflexão sobre manifestações artísticas.

O que pensava Platão a respeito, por exemplo, da poesia? Uma porta de entrada para essa discussão é o curto mas significativo diálogo *Íon*, no qual Sócrates conversa com um rapsodo, recitador profissional de poemas épicos. Íon especializou-se em Homero. Entra ele em cena. Está exultante, pois acabou de ser premiado por seu desempenho num importante concurso. Sócrates o parabeniza, afirmando invejar a técnica dos rapsodos. Muitos comentaristas veem essa afirmação de Sócrates carregada de ironia, elemento daquele conhecido procedimento didático, pelo qual o interlocutor chegará a descobrir, ao longo do diálogo, o gosto da própria insignificância e presenciar o desmoronamento da sua pretensão inicial de saber mais do que os outros.

Há quem argumente, porém, que Sócrates, pelo menos nesse primeiro momento do diálogo, está sendo sincero, elogia de fato o rapsodo, considera realmente uma bela arte dar vida aos versos homéricos. Contanto que o rapsodo entenda o que o poeta diz! Há um apelo à razão, à compreensão. Era essa posição racional de Sócrates, aliás, o que assombrava e irritava Nietzsche, o apaixonado filósofo-poeta que figurava o ateniense como um ciclope de monstruosa inteligência: "aquele olho em que nunca ardeu o gracioso delírio de entusiasmo artístico" (NIETZSCHE, 2003, p. 87).

Íon quer agradecer o elogio, fazendo ali mesmo uma demonstração de seu talento. Sócrates declina do convite, diz que naquela hora encontra-se ocupado. Seu interesse, na verdade, é conversar filosoficamente. Tem início aquele típico pingue-pongue de perguntas e respostas, no qual os dialogantes tornam-se personagens de Platão, como se se tratasse de uma peça de teatro ou um romance.

Sócrates sabe que Íon é perito em declamar poemas homéricos, mas pergunta-lhe se suas habilidades restringem-se a Homero ou se se estendem à obra de Hesíodo e Arquíloco. A intenção de Sócrates é definir a técnica, a arte do rapsodo, se é que essa arte existe. Íon reconhece que não tem interesse por aqueles outros dois poetas. Considera Homero superior. Recorrendo a analogias, no entanto, Sócrates demonstra que, sendo Íon bom rapsodo, deveria considerar-se perito também em Hesíodo e Arquíloco, no sentido de entender o que esses dizem, ainda que mantendo sua opinião sobre a superioridade do autor da *Odisseia*.

Íon sequer se sente atraído pela obra de Hesíodo, de Arquíloco e de outros poetas. Quando não se trata de Homero, Íon confessa que suas pálpebras ficam pesadas, a cabeça se inclina para frente, simplesmente começa a cochilar (cf. *Íon*, 532c). Qual a razão desse desinteresse, que desaparece, dando lugar ao entusiasmo, tão logo o assunto volta a ser Homero? – pergunta o próprio Íon.

A resposta, segundo Sócrates, é óbvia: a acreditar que o caso de Íon não é exceção, mas exemplar e emblemático, o poeta e o rapsodo, como os profetas, não possuem uma arte ou uma ciência em geral. São inspirados pelos deuses para realizar "tarefas" determinadas. Íon entende o significado das palavras de Homero, aprecia a beleza externa da poesia, mas é incapaz de julgar a fundo sobre as questões que vêm à tona na poesia homérica. Não é pelo fato de ser rapsodo e declamar de modo belo uma passagem na qual Homero ou outro poeta expõe uma igualmente bela cena de combate que ele, o rapsodo, saberá guerrear com habilidade ou comentar adequadamente essa técnica particular que é a da estratégia militar. Quanto aos demais poetas, sente-se incapaz de acompanhá-los, como se estivesse cego, surdo e mudo para eles.

Isso não significa que poeta e rapsodo não sejam sábios. De certo modo o são (agora, sim, há ironia nas palavras daquele mestre que diz nada saber), (des)qualificando-se Sócrates ao chamar-se a si próprio "cidadão comum", "homem do povo", um "idiota" (no sentido originário de "homem simples", ou de um simples homem..."), de quem só se deve exigir que diga a verdade, doa a quem doer (cf. *Íon*, 532e).

Ora, Íon é rapsodo premiado, famoso, sabe recitar Homero como ninguém, em virtude desse talento é aplaudido, aclamado, e dessa atividade profissional vive, mas ao mesmo tempo todos reconhecem que não transita bem em obras de outros poetas. Qual a razão disso?

Sócrates insiste: o que move Íon é a força divina, e não uma técnica. Os poetas e rapsodos são os intermediários entre os deuses e o povo. Inicialmente, os deuses e a musas insuflam a inspiração no espírito dos poetas, que produzem seus versos guiados por essa dinâmica sobrenatural. A seguir, os rapsodos vão de cidade em cidade recitando os poemas, e os recitam possuídos pela mesma inspiração divina, comunicando parte desse fervor aos ouvintes. As palavras de Sócrates configuram, assim, uma teoria poética:

> Todos os poetas épicos, os bons, não por um efeito da técnica, mas por estarem inspirados por um deus e possuídos, criam belos poemas. O mesmo com relação aos bons poetas líricos. Como os coribantes só dançam desvairadamente e gritam estridentemente quando em delírio, assim também os poetas líricos estão fora de si ao compor belos poemas; saturados de harmonia e cadência, estão tomados de furor semelhante ao das bacantes que, possuídas, colhem dos rios mel e leite, deixando de fazê-lo quando recuperam o juízo. (*Íon*, 533e-534a)

Submetidos à divina inspiração, dela dependentes, não fazem o que querem. Cada qual é escolhido pelos deuses e pelas musas para determinados gêneros poéticos. Os bons poetas épicos serão medíocres em outros gêneros. Os poetas com facilidade para compor encômios sentirão dificuldade com ditirambos. E assim, deuses e musas indicam aos humanos que poetas e rapsodos são instrumentos, tal como os adivinhos e profetas. São auxiliares, são intérpretes, sendo os rapsodos intérpretes dos intérpretes que os poetas são. Íon é indiretamente possuído pela divindade ao ser possuído por Homero, e Homero foi possuído diretamente pela divindade. E aquela beleza poética, aquela sonoridade, aquela cadência, aquelas imagens se devem, afinal, não ao engenho humano, mas ao poder divino.

Não é Íon que possui a técnica, portanto: a loucura o possui ao recitar Homero. E, simultaneamente, como bem sabe o próprio Íon, depende de que esteja entregue a essa loucura para obter os efeitos desejados entre as pessoas que assistem à sua apresentação, porque "se eu as faço chorar, eu próprio rirei recebendo o dinheiro, ao passo que se o público rir de mim, serei eu a chorar perdendo meu pagamento" (*Íon*, 535e).

Mas qual, precisamente, seria a arte do rapsodo, em que princípios deveria basear-se, a que regras deveria obedecer? Íon não responde a contento, confirmando a tese socrático-platônica de que o bom rapsodo é possuído e não tem controle racional sobre o que faz. Estaria a resposta entre as palavras do próprio Homero? Teria Homero, referência fundamental, mestre do povo grego, explicitado em algum verso em que consiste a técnica da rapsódia? Íon também não consegue resultados satisfatórios por esse caminho. Encurralado pela imbatível dialética socrática, corre o risco de cair no ridículo.

Sócrates lhe oferece, então, a saída honrosa. O que é melhor? Ser considerado mentiroso, por insistir em saber o que não sabe, ou admitir que não possui o conhecimento da arte de recitar, justamente por atuar tão bem como instrumento divino? (Cf. *Íon*, 542a-b)

Mais tarde, em diálogo escrito na maturidade, Platão, pela voz de Sócrates, descreve a verdadeira poesia como loucura sublime, algo superior às tentativas da técnica:

> Aquele que, sem o delírio inspirado pelas Musas, tente chegar às portas sagradas da poesia, acreditando que será poeta por meio da arte (técnica), estará sempre muito longe da perfeição. A poesia do homem sensato será sempre obscurecida pelo canto dos enlouquecidos. (FEDRO, 245a-b)

A imperfeição humana como obstáculo à perfeição poética. Só os deuses são perfeitos. Por outro lado, entre os humanos, existem artes/técnicas relacionadas às atividades normais do cotidiano: a medicina, a pescaria, a agricultura, a arte de fazer sapatos, a técnica aurígica, etc. E também uma poesia (ou uma tentativa de poesia) como produto da perícia técnica. Platão, no *Fedro*, no *Banquete*, reafirma que a poesia inspirada é atividade sublime, ao lado da qual a poesia, digamos assim, humana, nasce de uma técnica como outra qualquer.

Essa valoração positiva da poesia maníaca (para usarmos a palavra no sentido grego de "loucura") modifica-se no contexto da obra que vai coroar o legado de Platão: *A República*. O objetivo agora é fundar um Estado ideal, o mais perfeito possível, em que os cidadãos, desde a infância, sejam educados para buscar a verdade, praticar o bem e contemplar a beleza. A poesia deve adequar-se a essa grandiosa meta ético-político-pedagógica. Daí o conflito: o entusiasmo arrebatador da poesia foge ao conhecimento racional da filosofia. Platão conclama os poetas a contribuírem para a formação da mente e do caráter de cada cidadão, em particular das crianças e jovens:

> [...] neste momento, nem eu, nem tu, somos poetas, mas fundadores de cidade; ora, a fundadores compete conhecer os modelos a que os poetas devem obedecer em suas histórias e proibir que alguém se afaste deles. (*A República*, 379a)

O filósofo estabelece o que condiz, o que convém ao poeta nos apresentar. Se se parte do pressuposto de que a divindade é essencialmente boa e de que, portanto, é contraditório imaginar que dela possam advir males, não faz sentido aceitar passagens poéticas em que se atribua aos deuses o poder de dispensar bens e males. A divindade não é causa de tudo, eis uma verdade filosófica, baseada na qual Platão faz sua crítica moral à poesia. Também é criticável a poesia que apresente os deuses brigando entre si (antropomorfismo patente), o que incentivaria os homens a criarem inimizades recíprocas prejudiciais à harmonia social.

A filosofia pode criticar tudo, até mesmo grandes poetas como Homero ou Hesíodo. E o faz com especial vigor quando está em jogo a formação dos mais jovens:

> Os moços não têm capacidade para decidir sobre a presença ou ausência de ideias ocultas; as impressões recebidas nessa idade são indeléveis e dificilmente erradicáveis. Por isso mesmo, importa, antes de mais nada, que as primeiras criações mitológicas por eles ouvidas sejam compostas com vistas à moralidade. (*A República*, 379e)

A dimensão ética da reflexão estética ganha terreno, impõe-se sobre a ideia anterior de que os deuses inspiravam os poetas, conferindo-lhes superioridade inquestionável. O poeta deve aprender a discernir o certo do errado, ainda que o erro seja belamente cantado. Propõe-se uma ética poética em sintonia com os valores filosoficamente descobertos e estabelecidos. A poesia deve ser veraz. A poesia não pode estar acima da verdade. O filósofo sente-se incumbido da tarefa de censurar e corrigir Homero ou qualquer outro poeta que tenha produzido belas inverdades:

> Pediremos a Homero e aos demais poetas que não nos levem a mal riscarmos todas essas passagens e outras do mesmo tipo; não procedemos desse modo por considerá-las pouco poéticas ou desagradáveis para o ouvido do povo. Ao contrário! Quanto mais belas forem poeticamente, menos indicadas serão para rapazes e homens que tenham de viver livres e recear mais a escravidão do que a morte. (*A República*, 387b)

O poeta que obedecer terá seu lugar garantido na República. Caso desobedeça, será expulso, com todas as honrarias a que faz jus, evidentemente, mas sem a menor condescendência:

> [...] se viesse à nossa cidade algum indivíduo dotado da habilidade de assumir várias formas e de imitar todas as coisas, e se propusesse a fazer uma demonstração pessoal com seu poema, nós o reverenciaríamos como a um ser sagrado admirável e divertido, mas lhe diríamos que em nossa cidade não há ninguém como ele nem é conveniente haver; e, depois de ungir-lhe a cabeça com mirra e de adorná-lo com fitas de lã, o poríamos no rumo de qualquer outra cidade. Para nosso uso, teremos de recorrer a um poeta ou contador de histórias mais austero e menos divertido, que corresponda aos nossos desígnios, só imite o estilo moderado e se restrinja na sua exposição a copiar os modelos que desde o início estabelecemos por lei [...]. (*A República*, 3987a-b)

Em nome de altos ideais, Platão encaminha grandes poetas para fora de seu sistema filosófico. Não o faz sem dor. Para instituir a filosofia como orientadora maior da educação, passou por cima de sua admiração e de seu fascínio pela poesia tradicional, aquela que o educou desde criança. No final de *A República*, chega a deixar a porta entreaberta, caso alguém consiga provar que a poesia é não apenas agradável, mas moralmente proveitosa.

No entanto, se ninguém apresentar uma defesa razoável dessa poesia, os fundadores do Estado ideal farão como o amante que domina seus impulsos, sacrifica seus mais ternos sentimentos, e se afasta de quem ama, se este lhe é prejudicial (cf. *A República*, 608a).

Visões de uma estética cristã

Agostinho de Hipona (354-430), Francisco de Assis (1182-1226) e Tomás de Aquino (1225-1274) são três figuras representativas do cristianismo. De seus textos podemos extrair o esboço de uma estética cristã.

O intuito não é tanto, ou somente, fazer esse esboço – trata-se de esboço muito simples –, mas prosseguir na tentativa de definir o objeto e a natureza da Estética (já relacionando-a de algum modo com o tema da educação). Nas próximas páginas, consultaremos também, ainda que *en passant*, o pensamento de Kant, Schopenhauer (1788-1860), Fernando Pessoa (1888-1935), José Ortega y Gasset (1883-1955) e de nomes cronologicamente mais próximos de nós, como Edgar Morin (1921-), Alfonso López Quintás (1928-) e Umberto Eco (1932-).

Santo Agostinho não oculta sua subjetividade, seus sentimentos mais íntimos. Pensa de maneira confessional, confidencial (confidência feita em público, com intenções catequéticas). Seu percurso existencial está marcado pela razão narrativa e pelo diálogo com seus contemporâneos e com os leitores de todos os tempos. Vive dialogicamente, esteticamente, literariamente. A sensibilidade à flor da pele em tudo o que escreve. Sensibilidade perante a beleza:

> Porventura amamos o que não seja belo? Mas o que é o belo? E o que é a beleza? O que nos atrai e nos liga ao objeto que amamos? Se não tivesse harmonia e encanto não seríamos atraídos. Eu via e observava, então, que num corpo, uma coisa é a beleza no seu todo, e outra é a sintonização com os outros corpos, e isso é harmonia, tal como a parte em relação ao todo, o calçado em relação ao pé e coisas semelhantes. Tal consideração brotou-me no espírito, do mais íntimo do meu coração, e por isso escrevi alguns livros, talvez dois ou três, sobre a beleza e a harmonia. Sabes, ó Deus, por que os esqueci e não mais os possuímos. Eles me desapareceram, não sei como. (*Confissões* IV, 13, 20)

Atento aos seus próprios movimentos interiores, às suas sensações e emoções, Agostinho sabe-se fortemente atraído pela beleza. Sua sensibilidade às cores é enorme. Refere-se mesmo à *"regina colorum"* (cf. *Confissões* X, 34, 51), à luz, rainha das cores, como elemento dispersivo de suas atividades intelectuais e espirituais. Por isso, evitando a posição meramente defensiva, esforça-se por encontrar uma interpretação mística para a luz terrena. Esta o levará a refletir na luz invisível, que procede de Deus, pai de todas as luzes, criador de todas as belezas.

Eis a premissa fundamental na compreensão cristã da beleza: a Criação com "c" maiúsculo. Assim como devemos louvar a Deus diante das belezas naturais, sabendo que são provisórias, passageiras, também em Deus convém pensar ao apreciarmos as obras realizadas pelos artistas. O sentimento estético despertado pelas belezas sensíveis haverá de despertar o amor espiritual por Aquele de quem procede todo o bem e a quem tudo se refere.

A grande descoberta de Agostinho, porém, é que essa beleza superior e eterna não se encontra tão longe quanto poderia se pensar:

> Tarde te amei, ó beleza tão antiga e tão nova! Tarde te amei! Eis que habitavas dentro de mim e eu te procurava do lado de fora! Eu, disforme, lançava-me sobre as belas formas das tuas criaturas. Estavas comigo, mas eu não estava contigo. Retinham-me longe de ti as tuas criaturas, que não existiriam se em ti não existissem. Tu me chamaste, e teu grito rompeu a minha surdez. Fulguraste, e tua luz afugentou a minha cegueira. Espargiste tua fragrância e, respirando-a, suspirei por ti. Eu te saboreei, e agora tenho fome e sede de ti. Tu me tocaste, e agora estou ardendo no desejo da tua paz. (*Confissões* X, 27, 38)

A estética agostiniana não perde de vista os objetos belos, mas faz do apreciador das belezas terrenas um hermeneuta contemplativo, um leitor das entrelinhas da Criação, e um leitor de si mesmo. Cada criatura, em sua beleza, reclama o reconhecimento da Suma Beleza, que é mais íntima ao próprio "eu" que capta e se deleita com a beleza exterior.

Pressupõe-se, então, uma ascese, um exercício espiritual, um projeto educacional profundo, que ajudará o homem a escutar esse chamado interior, discernindo a beleza criada da Beleza criadora. Agostinho observa, por exemplo, como é harmonioso o canto do rouxinol, identificando a origem dessa harmonia não no aprendizado por parte da ave, evidentemente, mas no fato de ela levar impressa em si mesma, de modo incorpóreo, essa fonte de prazer e comoção para o ouvido humano (cf. *Sobre a verdadeira religião* XLII, 79).

Perceber a beleza transcendente na beleza visível, estando aquela imanente nesta. Eis uma conclusão da estética de inspiração cristã, que terá seus desdobramentos filosóficos. Sendo a beleza criada uma realidade que precisa ser interpretada, supõe-se que o mundo criado ele mesmo é um "livro que [...] temos de interpretar" (UÑA JUÁREZ, 2000, p. 89). Da visão estética chegamos a uma cosmovisão, a uma hermenêutica geral, a uma leitura interpretativa do mundo. O que implica uma alfabetização estética unida ao desenvolvimento da inteligência e ao crescimento espiritual.

O ser humano como ser aberto à beleza. Deus é simultaneamente Suma Beleza e Sumo Artista (com um componente pessoal que não havia em Platão e Aristóteles). À medida que a criatura humana se (re)aproxima do Criador pela via estética, redescobre a presença do divino em si e em cada aspecto da realidade.

Setecentos anos depois da morte de Agostinho, surgiu no horizonte medieval um outro cristão sensível à beleza, o poeta Francisco de Assis.

O adjetivo "franciscano", em uso informal, refere-se hoje às noções de pobreza ou modéstia. No entanto, conhecendo melhor o *poverello*, nenhuma pobreza encontraremos em sua percepção do real. Tudo nele desemboca em admiração estética (e mística). O próprio nome *"Francesco"* teria sido inicialmente apelido inventado pelos amigos que o viam apaixonado pela poesia francesa. A Pobreza, ela mesma transformava-se em personagem sem par na rica visão trovadoresca de Francisco. Atribui-se à sua sensibilidade a ideia de montar o primeiro presépio. Os elementos naturais ganharam, com ele, nova força simbólica: Irmão Sol, Irmã Lua, Irmão Fogo, Irmã Água, Irmão Vento, Irmão Lobo, Irmão Carneiro.

Um dos melhores e mais acessíveis estudos a respeito da revolução teológico-estética de Francisco foi escrito por Gilbert Chesterton (1874-1936), em que o autor inglês explica como o culto à natureza e o panteísmo, traços marcantes da mentalidade pagã que se mantiveram resistentes à "invasão" do cristianismo ao longo de séculos, deram lugar à poesia laudatória do *Cântico das criaturas*.[4] Um louvor que não se detém na admiração diante da beleza, mas se projeta na atitude mística:

---

[4] O texto original do "Cântico das criaturas" foi consultado em: MANACORDA, p. 60-61. Originariamente, Francisco intitulou o poema *Canticum solis*,

Quando dizemos que um poeta louva toda a criação, em geral queremos dizer apenas que ele louva todo o universo. Mas o tipo de poeta a que me refiro louva mesmo a criação, no sentido de ato da criação. Ele louva a paisagem ou a transição da inexistência para a existência. (CHESTERTON, 2003, p. 85)

O poeta a que Chesterton se refere vive intimamente integrado à natureza por uma solidariedade sem medo e sem superstições, reportando-se à causa criadora de tudo. O verso de Francisco – "Louvado sejas, meu senhor, com todas as tuas criaturas" – indica que tudo o que existe, existe porque pertence a Deus, como faz notar o possessivo "tuas criaturas" (*tue criature*). A pobreza verdadeiramente rica consiste em não querer apropriar-se do que é de Deus (do que dEle provém, do que a Ele regressará) e, de modo consciente, estabelecer com essas criaturas uma valiosa relação de fraternidade, em nome do Pai. Daí porque são irmãos e irmãs todas as coisas: *frate sole, sora luna, frate focu, sora terra*. Não a posse egoísta e predadora, na pior das hipóteses, ou a simples contemplação da beleza, na melhor. Mais do que isso: o poeta vê na beleza do sol, da lua, das estrelas, da terra, das flores, dos frutos e dos ventos o reflexo do Criador. Sua visão é simultaneamente poética e sobrenatural.

Em Francisco de Assis, verdade seja dita, há mais sensibilidade e intuição do que consciência teórica. Deveremos procurar em Tomás de Aquino a abordagem racional, sem prejuízo da fé e da obediência à tradição, o cuidado na hora de esclarecer conceitos e estabelecer distinções. Para Tomás, o entusiasmo lírico do cristão diante das belezas naturais é legítimo, mas insuficiente. Ou, como explica Umberto Eco, a visão estética de Tomás implica um pensar a realidade: "a visão estética não é intuição simultânea, mas *discurso* sobre a coisa" (ECO, 1989, p. 121).

Tomás teve um mestre genial: Alberto Magno (1206-1280). Engajado em ousado projeto teológico, disposto a dialogar com Aristóteles (384-322 a.C.), com o Pseudo-Dionísio (séc. V-VI), com Avicena (980-1037) e Averróis (1126-1198), Alberto dominava o saber do seu tempo e não ignoraria o tema do belo. Com base no pensamento de Pseudo-Dionísio e Aristóteles, escreveu

---

isto é, "Canto do sol", pois o Irmão Sol é o primeiro a ser mencionado. O título *Laudes Creaturarum* foi dado por um rubricista.

De pulchro et bono, opúsculo no qual apresenta questões que o seu não menos genial e rigoroso discípulo saberia aprofundar com autonomia, sempre respeitando (e fortalecendo) a ortodoxia cristã.

Para dar apenas um exemplo, Alberto afirma que algo belo possui em si mesmo, como sinal inequívoco de sua beleza, certa claridade, *"etiam si a nullo cognoscatur"* (*De pulchro et bono*, q.4 a.1 ad 3), mesmo que essa característica (mais ainda, esta condição objetiva) não seja percebida por ninguém. Tomás, contudo, acrescenta a tal afirmação uma referência, que Alberto não fez, ao sujeito que conhece. Uma referência que, de resto, estava em plena harmonia com os ensinamentos aristotélicos: sim, a claridade (*claritas*), o esplendor, ontologicamente falando, assegura que algo belo seja assim considerado, mas é necessário que uma visão humana identifique essa claridade, converse com essa claridade.

A claridade é uma manifestação e, como tal, requer que alguém a reconheça. Esse alguém é o fruidor. A claridade incide sobre o meu olhar, e o meu olhar precisa receber ativamente essa claridade. É de novo Umberto Eco quem lança luzes sobre esse aspecto da estética tomasiana, ao enfatizar a importância que aquele pensador medieval dava ao *"occhio contemplante"* (ECO, 1982, p. 150), ao olhar que contempla.

Tomás de Aquino pensará também na beleza dos corpos dos ressuscitados, tendo por modelo a beleza luminosa do corpo de Cristo transfigurado. Essa beleza emana dos próprios seres, automanifestação de organismos harmoniosos, em sintonia com a vontade divina. Com os olhos contemplativos da fé (numa "prévisão" cheia de esperança), Tomás se deleita com a beleza futura.

Em suma, o que aqui podemos chamar de estética cristã encontra-se, como não poderia deixar de ser, associada ao dogma cristão e à metafísica clássica. E contribui, a seu modo, para compreendermos a natureza da Estética e seu objeto.

A Estética volta-se para a realidade como um todo, atenta ao belo ou ao que de algum modo manifesta beleza, harmonia, impacto ou grandeza: obras de arte, elementos da natureza, o corpo humano, objetos em geral. E o faz reflexivamente, filosoficamente, recolhendo e elaborando o que os sentidos (em particular a visão e a audição) nos transmitem de prazeroso.

| Capítulo II

Arte, filosofia e educação

A obra de arte

Perguntei a uma criança de 6 anos de idade:
– Diga-me: o que é bonito no mundo?
– O mundo!
– Certo... Mas o que é bonito dentro do mundo?
– Ah... a fazenda!
– E o que há de bonito na fazenda?
– Os animais...
– E por que você acha que os animais são bonitos?
– Eles são coloridos!

A imaginação da criança vai do mundo, vasto mundo... ao detalhe concreto. E seleciona as cores como sinal irrefutável da beleza. Basta-lhe recordar o que os seus olhos já viram. Mesmo que distante do ambiente rural, "presa" dentro de apartamento, basta à criança ter apreciado os animais da fazenda na gravura de uma revista, num documentário de TV ou numa imagem da internet. A propósito, segundo o biógrafo Diógenes Laércio, indagaram certa vez a Aristóteles: "por que preferimos conversar durante mais tempo com as pessoas belas?". E o filósofo teria respondido: "somente um cego faria esse tipo de pergunta" (*Vidas e doutrinas dos filósofos ilustres*, v. 20). A beleza entra pelos olhos, sem pedir licença.

A beleza chama a atenção, atrai olhares, causa admiração. Extasiados, podemos permanecer mudos, absortos, contemplando-a. A atitude filosófica, no entanto, vai além: reflete sobre a beleza, faz-nos pensar detidamente sobre ela (descobrindo novas nuances de beleza, descobrindo que há beleza até mesmo em realidades não tão belas...), faz-nos distinguir suas qualidades, problematizá-la, levantar hipóteses a respeito de sua apreensão, faz-nos desejar produzir outras coisas belas em resposta àquele estímulo.

A admiração pode e deve deflagrar o pensamento, provocar perguntas, sacudir inércias. Nesse sentido, somos todos cegos em busca de explicações sobre o poder e o mistério da beleza. Sobre o seu poder e sua eficácia educativas, se optarmos por refletir no contexto do aprendizado.

De fato, o deleite estético pressupõe e provoca a inteligência, a memória, a imaginação. Não se trata de algo que afete apenas nossos sentidos externos, mas todo o nosso corpo e toda a nossa interioridade. Consideramos algo belo porque nossa visão assim o capta e porque nossa *visão interior* o reconhece igualmente! A palavra no texto grego de Diógenes Laércio para indicar o cego de que fala Aristóteles é *tuflou*, remetendo figurativamente à pessoa que, mesmo tendo visão saudável, mostra-se insensível, torna-se vítima de uma espessa neblina (ou de uma tempestade, um tufão... há relações etimológicas entre o tufão e essa cegueira) a encobrir-lhe os olhos da mente, sem abertura de espírito para reconhecer e acolher a beleza.

No entanto, perguntas de cego são boas (e belas!). Porque "quem não pergunta não quer saber", dizia Pe. Antônio Vieira (1608-1697) no *Sermão de São Pedro*, e "quem não quer saber, quer errar". Admitir que não sei e, ciente da minha ignorância, fazer perguntas pertinentes ou impertinentes a alguém que suponho ser sábio ajuda a curar ou, pelo menos, a diminuir minha cegueira.

Quem pensa saber tudo acaba desprezando inúmeras oportunidades de aprender. Quem já sabe algo, bem sabe que ainda tem muito a saber. A postura filosófica nos incita a perguntar de novo e sempre, quantas vezes for preciso, em que, afinal, consiste a beleza. Atitude que nos ajuda a descobrir novas belezas, a desenvolver, ampliar e aperfeiçoar nossa visão estética.

O conhecimento da realidade terá sempre um componente estético, por mais discreto que seja. A nossa linguagem deixa escapar essa verdade. Alguém diz que aprendeu uma "bela equação matemática". Outro alguém afirma que comeu uma "bela feijoada". Um terceiro comemora ter feito "bela pescaria". O médico fica feliz por ter realizado uma "bela cirurgia". A torcida vibra com um "belo gol" do seu time. Talvez não tenhamos plena consciência do quanto o adjetivo "belo" traduz realmente nossa captação da beleza nos mais diferentes cenários... Até mesmo o uso irônico insinua algo a apreciar: "que belo papel você fez ontem, hein?".

Para apreciar e avaliar a beleza que há no mundo, ou numa obra de arte, ou no rosto de uma pessoa, ou na ação que alguém realize, ou num eletrodoméstico... não basta ter olhos para ver (ou ouvidos para ouvir, no caso da obra musical). É preciso possuir adequada disposição interior para apreciar e avaliar melhor, para interpretar melhor o que vemos/ouvimos. Essa disposição se liga à educação estética.

Concentremos nossa atenção sobre a apreciação da obra de arte, deixando de lado, pelo menos por ora, a beleza que se manifesta em toda parte, seja numa bela flor ou num avião rasgando o céu azul.

Pensemos numa obra de arte. Numa boa história contada em livro. Ou numa peça musical bem executada. Ou numa peça de teatro bem encenada. Ou numa escultura cujas formas impressionam. Ou numa pintura. Ou num filme. Ou num espetáculo de dança. Mais concretamente, voltemos nossos olhos para um pequeno poema – o autor é Manoel de Barros (1916-) –, a fim de que, envolvendo-o num golpe de vista, usufruindo de suas propriedades sonoras (leiamos o poema em voz alta algumas vezes), entendendo o significado imediato das palavras, vislumbremos então o seu sentido, experimentemos a sua poeticidade:

> Sou um sujeito cheio de recantos.
> Os desvãos me constam.
> Tem hora leio avencas.
> Tem hora, Proust.
> Ouço aves e beethovens.
> Gosto de Bola-Sete e Charles Chaplin.
> O dia vai morrer aberto em mim. (BARROS, 1996, p. 45)

O poema é autobiográfico (todo poema, em alguma medida, é autobiográfico). O poeta reconhece em si "recantos" e "desvãos". Admite ter "partes" ocultas, "lugares" escondidos. E quem não os tem? Todos, Manoel de Barros, você e eu temos recantos e desvãos existenciais. Há uma intimidade secreta e surpreendente. Vida íntima, labiríntica, na penumbra. Já neste primeiro momento podemos nos espelhar no poeta e ser poetas também. A força da identificação nos faz dizer interiormente, sobre nós mesmos, sem que ninguém nos ouça, o que o poeta confidencia sobre si em voz alta.

Esse sujeito lê, ouve e tem gostos. Dedica-se ao exercício estético. Sua leitura vai de uma planta ao escritor francês Marcel Proust (1871-1922), da simplicidade das avencas à sutileza literária. E ouve aves e beethovens, a música dos pássaros e a música dos homens. E gosta especialmente de dois artistas: o instrumentista brasileiro Djalma de Andrade (1923-1987) (Bola-Sete era seu apelido), cuja carreira se consolidou nos Estados Unidos, e Chaplin (1889-1977), o Carlitos, ator inglês que também encontrou reconhecimento e fama na América do Norte.

A música, o cinema, a literatura e a natureza definem o sujeito cheio de desvãos. Estas sensações estéticas, o prazer de ouvir o belo som, de entender a bela metáfora, de presenciar a bela performance preenchem seus recantos. O corolário é a plenitude. O dia vai morrer, a vida vai acabar, mas esse dia prestes a morrer estará sempre "aberto". Que abertura é essa? O dia que está a se abrir é o contrário da morte, da noite da morte. É que não há um encerramento. O dia vai morrer, mas "em mim" ele continuará aberto. Justamente por causa da abertura estética, do estímulo da sensibilidade ao som, à imagem, à palavra, o sujeito não morrerá para sempre. A arte em sentido amplo, como busca... e como encontro do tempo perdido.

Há algo (ou muito?) de imorredouro na arte. Muito mais do que uma diversão, um passatempo, a arte é função essencial do indivíduo humano e da sociedade, bem como sinal dos nossos inconformismos mais profundos. Não queremos morrer pura e simplesmente, não queremos ser um "cadáver adiado", como diz Pessoa num poema. Na arte, queremos nos compreender e nos perpetuar de algum modo. Queremos compreender um pouco melhor o que nos rodeia, captar a respiração da realidade para não morrermos de asfixia espiritual.

Num pequeno poema como esse tocamos, ainda que de leve, o anseio humano pela lucidez e pela imortalidade (a literatura, a música, as avencas, as aves, todos revivem no poema). Este duplo anseio define também o esforço filosófico. E ambas, arte e filosofia, compartilham com a educação o objetivo correlato da humanização de cada pessoa.

O encontro estético

A nossa experiência estética como receptores ativos se realiza no encontro entre nós e a obra de arte. Nossos "recantos" e "desvãos" são invadidos pela claridade da obra. Iluminam nossa interioridade, assim como um belo nascer do sol ilumina o nosso olhar, o nosso rosto, a nossa pele. Mas é preciso abrir os olhos e a inteligência. Sem alimentar ilusões quanto a uma impossível percepção total e absoluta.

A luminosidade da obra de arte, sua iniciativa, penetra-nos de cima a baixo. Ilumina porões e sótãos, planos inconscientes e "setores" da consciência. Pode alegrar ou assustar. Intrigar ou entristecer. Influencia-nos e impressiona-nos mais do que possamos calcular. Não estamos passivos, porém. A experiência viva dessa penetração luminosa é justamente o resultado da nossa recepção ativa. A claridade da obra é recebida como tal, é interceptada, acolhida e recriada – e nos sentimos então "preenchidos" de sentimentos e conceitos.

Retomemos dois versos do poema há pouco lido:

> Tem hora leio avencas.
> Tem hora, Proust.

O leitor tem duas "horas". Tem dois tempos. Ora ele lê avencas. Ora, Marcel Proust. São dois "livros". Dois tipos de leitura. A elipse de "leio", na hora de Proust, produz efeito curioso. Trata-se de um caso de zeugma – tipo de elipse em que o termo ou os termos já enunciados ficam subentendidos. Porque não é óbvio ler avencas, e foi necessário dizer. O leitor, no entanto, há de saber o que está implícito na hora do livro. Por que Proust exige mais do que as avencas? A incompletude sugere isso.

O efeito é de estranheza inicial. O contraste entre avencas e Proust provocará uma sensação indefinida perante as duas imagens. Ler as folhas da avenca é uma. Ler as folhas de um romance de Proust é outra imagem. Folhas e leituras completamente diferentes. Ou não? Podemos equiparar uma leitura à outra? A leitura das avencas é a leitura de plantas delicadas, que exigem certo cuidado. Não será o mesmo com relação a Proust? Não será o mesmo com relação a cada livro a cultivar?

A educação estética consiste em nos alfabetizar para avencas e Proust. Para a poesia contemporânea de Manoel de Barros e a clássica de Camões (1524?-1580), fazendo-nos pensar o quanto de contemporâneo há no que é clássico, e de clássico no que é contemporâneo. Seremos alfabetizados para o cinema mudo e o falado, fazendo-nos pensar em que medida o mudo expressa e comunica mais do que muitos diálogos... Para a música popular e a erudita, fazendo-nos pensar na adequação desses conceitos: serão tão distantes entre si o popular e erudito?

O encontro estético exige iniciativas. A iniciativa do artista e da coisa que "quer" se transformar em obra de arte. E a da obra de arte somada à de quem dela se aproxima e com ela pretende estabelecer uma relação criativa.

Façamos uma observação grosseira, encarando a obra de arte quase como uma coisa a mais: os quadros de um Vincent van Gogh (1853-1890), de um Paul Gauguin (1848-1903), as pautas musicais de Beethoven (1776-1848), uma escultura de Auguste Rodin (1840-1917) guardados num depósito qualquer, empilhados como as batatas no depósito de um armazém. No entanto, não são meras coisas, não são batatas que, depois de ingeridas, acabarão esquecidas para todo sempre.

Existe nas obras de arte um elemento "coisal", sem dúvida. Tomada como um objeto qualquer, a obra de arte terá um peso quantificável, poderá ter suas dimensões físicas aferidas, poderá ser carregada como carregamos uma pedra. Contudo, a obra foi criada por alguém, e esse alguém se comportou como artista. O artista é aquele que vê nas coisas um caminho de criação. O que nos parece caótico ou casual, ou opaco, ou insignificante, na visão (na audição...) do artista soa como um chamado para que outra "coisa" apareça. Uma coisa que já não é coisa.

A imagem ao lado mostra o grafiteiro Alexandre Orion (1978-) realizando a obra intitulada Ossário, uma intervenção estética no espaço urbano. Trabalhou à noite, dentro do túnel da Avenida Cidade Jardim, na cidade de São Paulo. Em lugar de pincéis ou sprays, apenas pedaços de pano, com os quais ia retirando da fuligem acumulada nas paredes do túnel, durante o dia, as formas vivas (ou mortas) de caveiras em fila. As caveiras (belas caveiras, eloquentes caveiras!) representam a cidade que morre sufocada pela poluição, representa a nós mesmos, seres motorizados trafegando no túnel da morte.

O artista olha as palavras, as cores, ouve alguns sons, ou a sua própria voz, toca algum tipo de material, ou "executa" o seu próprio corpo... e daí arranca uma verdade, ou faz aparecer uma verdade. O artista torna manifesto algo que estava e não estava ali. Ou algo que outras pessoas não viram que já estava ali.

Mas o que é a obra de arte, afinal? Essa pergunta, em tom filosófico, é efetivamente filosófica na medida em que não está desesperada pela resposta, nem desiste de perguntar. Ou por outra, como dizia Heidegger, "toda resposta só mantém a sua força de resposta enquanto permanecer enraizada na pergunta" (HEIDEGGER, 2004, p. 57). Se não perdermos de vista a pergunta, continuaremos nos aproximando cada vez mais de boas respostas e aprofundando as respostas fortes e esclarecedoras.

Assim como a minha experiência estética nasce do encontro que estabeleço com a obra de arte, esta nasceu do encontro entre o artista e uma coisa, um material, um objeto, em diálogo com o qual aquele fez surgir a realidade artística até então inexistente. As paredes sujas do túnel tornaram-se a "tela" do grafiteiro (como no passado remoto as paredes da caverna...). Da fuligem, o artista se vale para, mediante a técnica do grafite reverso, revelar a face caveirosa do homo urbanus. O resultado do encontro tornou-se visível: é a obra.

O artista instaurou a obra, mas o fez em "luta" amorosa com as palavras, ou com o bronze, ou com a madeira, ou com coisas retiradas de um lixão, ou com as notas produzidas por um instrumento musical, ou com outros barulhos extraídos de objetos improváveis, ou com o seu próprio corpo (na dança, no teatro...). Ou com realidades tão "inofensivas" como a luz de uma lanterna, como aquelas conhecidas experiências de Pablo Picasso

(1881-1973) desenhando no ar formas taurinas, dentro de um ambiente escuro, formas registradas unicamente pela fotografia. O "duélogo" – duelo que é diálogo – entre artista e coisa faz surgir uma outra coisa, impregnada de novos significados ou novos sentidos, que por sua vez são oferecidos e reelaborados por quem vier contemplar/ler/ouvir a obra. O poeta retira a palavra "flor" do dicionário ou da fala cotidiana e faz surgir uma outra flor:

> A Flor do Sonho, alvíssima, divina,
> Miraculosamente abriu em mim,
> Como se uma magnólia de cetim
> Fosse florir num muro todo em ruína.
> (ESPANCA, 1950, p. 46)

E essa bela flor se abre, não mais na estrofe de Florbela, mas na visão do leitor – abre-se na consciência, na imaginação, na memória do leitor. Desviando a nossa visão da flor real para a flor onírica, da flor com efe minúsculo para uma inventada Flor com efe maiúsculo, paradoxalmente recuperamos a visão das flores cotidianas. As flores tornam-se mais presentes e intensas, graças à flor figurada, imaginada, desenhada. A Flor do Sonho é a transcendência que desabrocha. O muro em ruínas é a realidade humana, passageira, sujeita à decadência e à morte.

O encontro do artista com a coisa, gerando a obra de arte, antecede o encontro do receptor ativo com a obra de arte, gerando a interpretação. Multiplicam-se as percepções, os sentimentos, as lembranças, as intuições. Surgem leituras contrastantes, avaliações divergentes ou convergentes, aprendizados surpreendentes.

Para salvar a literatura

Lançado em 2007 pela Editora Flammarion, o livro *La littérature en péril*, de Tzvetan Todorov, vem encontrando acolhida inusitada. Suas aparentemente modestas 94 páginas esconderm, e revelam, grandes pretensões. Ou pelo menos uma grande e louvável pretensão: salvar a literatura! (E o que vale aqui para a literatura faz sentido, se pensarmos na arte em geral.)

Nesse ensaio fascinante, de tranquila lucidez, Todorov (1939-) defende uma única ideia: precisamos aprender com a literatura, redescobrir sua força didática, didática no melhor sentido da palavra. Um romance, um poema, um conto ajudam-nos a descobrir facetas ignoradas do nosso entorno. Como discurso interpretativo carregado de sentido, faz-nos compreender melhor quem somos, para onde vamos, de onde viemos.

Quando era estudante e jovem pesquisador universitário, porém, vivendo num país do bloco comunista, Todorov sabia ser arriscado abordar a literatura do ponto de vista de seu conteúdo explosivo. Era grande o risco de cair em "heresias", ferir a ideologia reinante, expor-se à desconfiança do sistema de dogmas dominante. Por isso a opção formalista, a preocupação com a estrutura das obras literárias, a busca de uma certa neutralidade. Ficassem as ideias e sensações subversivas para outro dia qualquer ou para quando viesse outro regime.

Mais tarde, em 1963, Todorov foi trabalhar na França, tornando-se em alguns anos referência acadêmica obrigatória. Seu nome, ao lado de gigantes como Roland Barthes (1915-1980), Gérard Genette (1930-) e Roman Jakobson (1896-1982), ficou para sempre associado ao estudo do funcionamento do texto literário, como se tratasse de um objeto a ser revirado pelo avesso. No contexto das faculdades de Letras do Brasil, o recurso vinha a calhar. Também nas nossas décadas de 1960 e 1970 era perigoso falar de literatura nua e crua, dos sentimentos terríveis que ela pudesse suscitar. Sejamos, portanto, estruturalistas!

Passaram-se quatro décadas. Todorov está hoje mais preocupado com o sangue e as entranhas da literatura do que com seus mecanismos. A literatura, em sua pungência, em sua beleza (e beleza não é o "bonitinho"), nos ajuda a viver, faz com que imaginemos novas formas de conceber e configurar o mundo. Mais do que objeto de estudo para um grupo seleto, mais do que ocasião para conversas "elevadas", ela nos permite, a todos, vislumbrar a condição humana, com suas contradições e loucuras – nossas contradições, nossas loucuras. Quixote, Gregor Samsa, Fausto são personagens mais vivos do que as pessoas que nos rodeiam. Mais vivos, e instigantes. Inesquecíveis "professores" da existência.

Todorov faz o alerta: a literatura corre sérios riscos. A escola e a universidade tornaram a literatura um pretexto, um trampolim para estudar os textos enquanto textos, e somente enquanto textos. Colocaram-na no tubo de ensaio. Sobre ela está o microscópio. Por força das análises estruturais, atentas à obra literária em si, atentas aos elementos internos da obra, abstraindo-se de sua relação com o mundo, com as pessoas comuns, com os grandes temas da vida... essas obras perderam seu ferrão, digamos assim. Aos nossos olhos, sobretudo aos olhos de quem estudou literatura e fez desse estudo a sua profissão... eis um belo objeto de análise. E os eficientes instrumentos de análise passam a ser mais importantes e mais belos do que o objeto analisado!

O perigo está em deixar a literatura em segundo plano, em último plano, enaltecendo as teorias literárias à custa do poema, do conto, das histórias que este ou aquele autor veio nos contar... O teórico absoluto não se emociona com as histórias, não se deixa envolver por seu encanto, não permite que se misturem às biografias reais das pessoas reais. Sua principal função como teórico absoluto é analisar, separar, distinguir, fazer considerações sobre a metalinguagem, equacionar a literariedade do poemático, investigar os actantes presentes na textualidade do romance...

Sem abandonar a letra, Todorov olha para o espírito. Quer afastar-se desse mundo de especialistas que ele mesmo ajudou a criar. Em vez de nos esfalfarmos tanto para detectar o modo como os livros foram construídos, em vez de nos debruçarmos tão somente sobre a materialidade do texto pensando em suas formas linguísticas, atentemos para o que os livros falam, e para o impacto que produzem em nós... Os livros não são objetos fechados em si mesmos. Na realidade, a literatura é perigosa porque põe em xeque nossas concepções de mundo, porque abre portas e janelas, desencadeia a memória, cutuca a imaginação, provoca abalos em nossas certezas, propõe valores, questiona outros, oferece a chance de repensarmos no sentido da vida.

Todorov está, perigosamente, lembrando aos professores, aos críticos literários e aos próprios escritores que todos devemos ser leitores comuns, gente como a gente cuja secreta ambição é procurar na literatura algo mais do que um "artefato" que possua em si mesmo sua justificativa, ou que sirva como pretexto para produzir teses acadêmicas ou ensaios eruditos para eruditos leitores.

O leitor comum, mesmo que não o saiba expressar, procura na literatura o não acadêmico, o não sofisticado. Procura, para dizer de um modo positivo, as questões humanas tratadas de modo vivo e apaixonante, procura a aventura, os dilemas, as paixões, os dramas, as surpresas, quer sofrer e alegrar-se ao longo da leitura, fugir, como dizia o poeta Mario Quintana (1906-1994), para a realidade! A realidade irrealmente real, transfigurada pela ficção. O leitor comum não possui técnicas de leitura e análise, mas é a esse leitor que o escritor se dirige em primeiro lugar... e não aos críticos especializados.

Molière (1622-1673) lia suas peças para o cozinheiro, vendo neste o seu crítico mais exigente. O pensador romeno Emil Cioran (1911-1995), num dos seus amargos (mas inteligentes) aforismos, disse: "Gosto de ler como o porteiro de um prédio lê: identificando-me com o autor e com o livro. Qualquer outra atitude me faz pensar num despedaçador de cadáveres" (CIORAN, 1995, p. 1328). A percepção está correta. O leitor pode até vir a ser um crítico literário, mas a leitura para valer implica essa identificação que, aos olhos dos mais pedantes, é coisa de gente despreparada.

Para salvar a literatura do perigo que corre, o perigo de tornar-se desinteressante, cadáver dissecado, enterrado e esquecido nas empoeiradas estantes, temos de reaver a sua capacidade (perigosa capacidade!) de ser experiência viva, e *experiência ensinante*. Autores como Guimarães Rosa (1908-1967), Dante Alighieri (1265-1321), Samuel Beckett (1906-1989), Thomas Mann (1875-1955), Franz Kafka (1883-1924) e tantos outros nos ensinam, ao seu modo, ao modo poético, teatral, dramático, enfático, ao modo ficcional, o que antropólogos, sociólogos e filósofos também procuram nos dizer empregando a terminologia filosófica, sociológica, antropológica...

A escola e a universidade pecam contra a literatura se exigem dos alunos que conheçam, não tanto a obra literária em sua beleza, em sua contundência, mas tudo aquilo que as enquadra de modo mais ou menos rígido: classificações, métodos e categorias de análise, referenciais teóricos... ou seja, tudo aquilo que vive da literatura mas não é literatura, não provoca, não apaixona, não transforma o leitor.

Todorov faz uma proposta simples e revolucionária. Ir ao encontro da literatura para ter aulas existenciais com Shakespeare (1564-1616) e Sófocles (496-405 a.C.), com Baudelaire (1821-1867) e Balzac (1799-1850), com Dostoiévski (1821-1881) e Proust. Um ensino excepcional! No contexto deste livro, cabe-nos ampliar a proposta. Tenhamos aulas existenciais também com outros artistas: músicos, pintores, escultores, atores, etc.

Arte educadora

Afastar-se da dissecação científica do texto literário em particular, e das obras de arte em geral, não significa, porém, entregar-se ao puro prazer estético sem critérios ou objetivos. Precisamos aprender a apreciar melhor a arte para melhor aprender com o que apreciamos. "Pensar com rigor", como diz o pensador espanhol Alfonso López Quintás, que há muitas décadas, à margem das modas, tem se dedicado a estudar a experiência estética e seu poder formativo.

Em seu livro *La formación por el arte y la literatura*, López Quintás propõe uma aproximação da arte com uma clara intenção pedagógica, mais ainda, com a preocupação explícita de nos formar humana e eticamente. Uma obra de arte bem interpretada converte-se numa lição que não é lição, numa aula que não é aula. Ler/interpretar as obras de arte para ver melhor em que consiste a condição humana, com toda a sua ambiguidade, com toda a sua desconcertante realidade. Não se trata de "didatizar" a arte, mas de descobrir na trama de um romance, nas imagens de um poema, na força expressiva de uma escultura, num quadro, numa sinfonia, uma percepção reveladora do ser humano.

A interpretação de obras de arte contribui para o nosso aperfeiçoamento ético? Ajuda-nos a repensar nossa maneira de viver e conviver? Pode nos fazer dimensionar o quanto é perigoso ser livres e saber que o somos? Pode ser, em resumo, uma interpretação educadora? E vale a pena enfatizar: para López Quintás, interpretar é um autêntico e exigente recriar.

Combinando a proposta de López Quintás com o alerta de Todorov, é possível responder que sim às perguntas do parágrafo anterior. Pensar a experiência estética não tanto ou não só pela ótica do prazer e da distração, ou do entretenimento, mas como fonte de descobertas existenciais, de aprendizado.

A arte educa na medida em que, atraindo nossa visão, encantando nossa audição, agindo sobre nossa imaginação, dialoga com a nossa consciência. Mais do que nos fazer reagir à melodia, à rima, à composição pictórica, às cenas do filme, esses estímulos que nos chegam pela arte criam um espaço de liberdade, de beleza, no qual nos sentimos convidados a agir criativamente.

O dinamismo criador não pertence exclusivamente ao artista. A experiência que tenho ao ler uma obra literária de qualidade, ao ouvir uma canção comovente, ao deter meu olhar sobre um desenho engenhoso, ao assistir a um filme bem feito, ao acompanhar os diálogos de uma peça teatral... pode levar-me a uma nova compreensão da realidade e de mim mesmo, a uma compreensão lúdica, isto é, a uma interpretação que supera reducionismos, calculismos e outros "ismos" limitantes. Pode, até, despertar em mim o artista que eu não acreditava ser.

A arte educa, portanto, como desencadeadora de autoconhecimento e de amadurecimento pessoal. Lembremos, por exemplo, o livro *O morro dos ventos uivantes*, de Emily Brontë (1818-1848), que tem fascinado tantas gerações, ao menos entre os leitores ingleses (em agosto de 2007, o jornal *The Guardian* divulgou uma pesquisa na qual esta obra, hoje, ocupa o primeiro lugar na preferência dos leitores ingleses, deixando em segundo plano clássicos como *Romeu e Julieta*, de Shakespeare, e *Orgulho e preconceito*, de Jane Austen).

Lançado em 1847, esse romance foi recepcionado com reservas pela sociedade britânica. Os primeiros críticos acusavam algo de demoníaco naquela história de amor, loucura e crueldade. Com o passar do tempo, porém, conquistou uma legião de admiradores, na Inglaterra e no mundo inteiro. Editores entusiasmados chegam a declarar que se trata do melhor livro já escrito por uma mulher. A partir do século XX, intensificou-se sua presença inspiradora no cinema, no teatro, na TV e na música. Mas eu queria destacar, num texto de Clarice Lispector, o impacto que o livro teve sobre a nossa escritora, que incorporou em sua visão de mundo a imagem um tanto apavorante:

> Meus olhos são verdes. Mas são verdes tão escuros que na fotografia saem negros. Meu segredo é ter os olhos verdes e ninguém saber. À extremidade de mim estou eu. A que diz palavras. Palavras ao vento? que importa, os ventos as trazem de novo e eu as possuo. Eu à beira do vento. O morro dos ventos uivantes me chama. Vou, bruxa que sou. E me transmuto. Eu estou à beira de meu corpo. Que estou eu a dizer? Estou dizendo amor. E à beira do amor estamos nós. (LISPECTOR, 1994, p. 91)

A arte educa, influenciando nossa maneira de sentir e pensar, de imaginar e avaliar. Influência forte e sutil. E renovadora. Para o bem ou para o mal, não saímos incólumes de uma experiência estética verdadeira. Os artistas são educadores, perturbadores, levam-nos aos extremos de nós mesmos. Educadores provocadores, desestabilizadores. Para continuar com Clarice, há um texto seu intitulado "O primeiro aluno da classe", em que somos apresentados a um menino de nove anos extremamente ajuizado, solícito (empresta livros aos colegas, ajuda-os a entender a matéria), cujo segredo é um caracol. Clarice repete que o segredo dele é um caracol, antes de finalmente contar...

> Seu segredo é um caracol. Do qual não esquece um instante. Seu segredo é um caracol que o sustenta. Ele o cria numa caixa de sapato com gentileza e cuidado. Com gentileza diariamente finca-lhe agulha e cordão. Com cuidado adia-lhe atentamente a morte. Seu segredo é um caracol criado com insônia e precisão. (LISPECTOR, 1999, p. 84-85)

Difícil evitar um estremecimento diante da contradição do menino, que é tão humana, tão nossa: somos delicadamente sádicos, gentilmente perversos, secretamente maus. Na espiral do caracol, o menino experimenta a impiedade. E essa impiedade meticulosa, infinita, sustenta sua solicitude pelos colegas, sua humanidade, sua pertença à escola e à sociedade dos "bons", seu prestígio de aluno correto. O texto é belo. É bela a percepção pontiaguda, incômoda, do menino torturador. Há coragem e beleza nesta revelação – o segredo do menino agora também é nosso. E cada qual tem o seu caracol.

Agradável ou não, há uma energia emocional nesse texto, que precisa ser recriada pelo leitor para que atue sobre ele próprio. Vale dizer, o leitor precisa tomar posse dessa energia, como quem recebe uma herança, mas só a receberá efetivamente se for de modo ativo e comprometido. A arte educa, sim, com uma condição: que o educando, vamos falar assim, traduza para si mesmo o que apreendeu, colabore com a educação proporcionada, ainda que não tenha sido objetivo do artista educar alguém.

A arte educa, não porque coloque diante dos nossos olhos um manual de virtudes e boa conduta, ou um guia que nos ajude a ser bem-sucedidos na vida. Um poeta, um romancista, um dramaturgo, um cineasta, um músico, um escultor nos educam na medida em que nos fazem ver. São educadores que não ministram aulas, não aplicam provas e testes, não distribuem notas, não cobram a lição de casa, não reprovam nem aprovam.

O artista nos educa sem se preocupar com resultados pedagógicos ou técnicas didáticas. O resultado que ele procurava era, fundamentalmente, produzir a obra, levar ao fim o seu plano, por mais vago que estivesse em sua cabeça. Concluída a obra, nada mais poderá fazer. Ainda que deseje, não poderá prever ou alterar as consequências do trabalho pronto e entregue à sensibilidade... ou à falta de sensibilidade dos seus semelhantes. A obra de arte não pertence mais ao artista, no sentido de que será livremente acolhida e interpretada por outras pessoas. O leitor será coautor. Quem admira uma tela será copintor. Quem vai assistir a uma peça de teatro torna-se codramaturgo. Vencendo passividades e inércias, quem se aproxima da obra de arte, torna-se autor de sua interpretação e, de certo modo, recriador da obra. E por isso, e só assim, poderá aprender.

A interpretação aprende de modo radical, é criativa, não meramente receptiva. É interpretação que produz visão de mundo e crescimento pessoal, que produz conhecimento da realidade acompanhado pelo aperfeiçoamento de quem conhece. A propósito, um genial trocadilho do poeta francês Paul Claudel (1868-1955): conhecimento não é apenas *"connaissance"*, mas *"co-naissance"*, ou seja, conascimento, um nascer com aquilo que conhecemos. Ao conhecer, renascemos, desenvolvemos nossas possibilidades, ampliamos nossa percepção da realidade.

Os professores todos, independentemente da disciplina que se prepararam para ministrar, ganhariam (e com eles, seus alunos) com uma autoeducação que desse especial atenção à dimensão estética da cultura e da vida.

| Capítulo III

A FORMAÇÃO ESTÉTICA DOS PROFESSORES

A leitura das artes e a arte da leitura

Ensinar é mais do que fornecer informações, dados, datas, nomes, referendar respostas prontas; e aprender é mais do que reter tais informações, do que armazenar aqueles dados, arquivar datas e nomes, decorar a afirmação correta... Isso já o sabemos exaustivamente. Mas então o que "colocar" no lugar das informações, dados, datas, nomes e respostas? Se nada houver de relevante, voltaremos a querer transportar para a cabeça dos estudantes (ou dos "clientes" que nos compram as informações, dados, etc.) aquilo que está armazenado e arquivado na cabeça do professor... ou nos livros e *sites*.

Contudo, não se trata realmente de substituir as informações por outras "coisas", ou recairemos no vício do instrucionismo. Se aprender não for uma experiência humanizadora, para que servem a sala de aula, os livros didáticos, a ficha de chamada ou mesmo os atuais recursos tecnológicos a serviço da escola? Um professor que só sabe instruir não está suficientemente preparado para educar. Humanos aprendem com humanos, mas isso nos conduz à discussão sobre a qualidade da formação docente, na qual estão embutidas discussões de caráter ético, histórico, sociológico, psicológico, etc.

No âmbito deste livro, interessa-nos aquilatar como a formação estética contribui para a vida intelectual e profissional do professor. Formar-se é entrar em contato com valores de toda ordem. Especificamente, o contato com valores estéticos (e também com informações, dados, terminologia estéticas...) deve ser ocasião para vislumbrarmos projetos de vida humanizadores. Esse contato realiza-se com maior ou menor intensidade no encontro de cada um com a arte. Mais ainda, do encontro de cada um com a obra concreta de cada artista. Encontro, com a obra, que é encontro humano e humanizador com o artista. A obra do artista *é* o artista, suas verdades e mentiras, angústias e certezas, aquilo que sente, aquilo que pressente. Na sua própria obra o artista habita. Habitaremos com ele na obra de arte, compartilharemos suas dores e perplexidades, seus relatos e ilusões, suas convicções e seus achados.

Em contato vivo com a obra, entro em diálogo com a personalidade do artista, com as circunstâncias da época em que ele vivia e que o impregnavam; entro em diálogo com o ambiente em que ele cresceu e com o qual talvez rompeu; entro em diálogo, ou em conflito, com sua postura perante temas cruciais ou banais da vida; entro em diálogo, aberto ou velado, com seus valores existenciais.

Ler uma obra de arte consiste em criar com ela, a partir dela e além dela: desdobramentos do encontro. Criar com a obra é entrar em sintonia com ela, admirá-la, adjetivá-la, valorá-la e valorizá-la, aderir à sua presença. Fayga Ostrower (1920-2001), que bem entendia da dimensão pedagógica da fruição artística, admira a *Mona Lisa*:

> O sorriso de Mona Lisa! Enigmático, fugidio, suave, talvez melancólico, mas sempre um sorriso. Leonardo capta-o como se fosse um sopro na eternidade, existindo por um instante e desde sempre. Ainda seu olhar! Vindo do fundo da alma, parece penetrar em nossa alma também, falando-nos de sentimentos para os quais não existem palavras e levando-nos às infinitas distâncias do Universo. E não é só a Mona Lisa que sorri, é a paisagem toda. Pois tudo está imerso na misteriosa luminosidade, onde o claro e escuro se interpenetram de tal modo – o escuro passando para dentro do claro e o claro para dentro do escuro – que se torna impossível dizer onde termina a luz e onde começam as sombras. (OSTROWER, 2003, p. 25-26)

Esse texto denota convivência com a imagem, tempo empregado na observação, olhar concentrado sobre os detalhes, abertura para *não entender* (o convívio com a arte nos ensina a preciosa lição de não entender... para depois entender ao menos um pouco). A autora mergulha no sorriso da mulher, sente o seu enigma, experimenta o que há ali de suavidade e possível melancolia. Será um sorriso triste, afinal, o que Leonardo da Vinci (1452-1519) nos entregou em sua maturidade como síntese da experiência humana... ou talvez da experiência feminina? Fayga conversa com esse sorriso, deixa-se analisar pelos olhos,[5] pela postura da mulher que ela analisa.

A partir da obra que nos olha e sorri, podemos e devemos ir além. Pensar para além da criação. Pesquisar. Fazer o que o próprio Leonardo fazia como exercício habitual: observar, absorver, refletir, defletir, constatar, contrastar, ler, reler, tomar e retomar, harmonizar e contrapor, tematizar e redesenhar.

A leitura sobre a leitura que outros fizeram da obra nasce da insaciável curiosidade. Descobrir autores como Serge Bramly (1949-), que procurou as entrelinhas do famoso sorriso, ou meio sorriso:

> O sorriso não expressa felicidade nem sedução. Não é o apelo místico de um santo ou da Virgem Maria. Como, portanto, compreender o sorriso? Acima de tudo, como um deliberado enigma. (BRAMLY, 1996, p. 68)

Ou como Walter Pater (1839-1894), num texto clássico sobre o Renascimento (em tom romantizador e excessivo), poetizando com, a partir e além da mesma obra:

> Uma beleza construída de dentro para fora, aflorando na carne, depositária, em cada pequena célula, de estranhos pensamentos, e devaneios fantásticos, e intensas paixões. (PATER, 1980, p. 98)

Ou (correndo o risco de me ver seduzido por exageros hermenêuticos) como ginecologistas que levantam a hipótese de Mona Lisa estar grávida, ou como especialistas em arte capazes de detectar, graças à superposição de imagens em computador, que a figura da *Gioconda* é, afinal, autoretrato do próprio pintor (cf. KEMP, 2005, p. 166-168).

---

[5] E esse é o único retrato feito por Leonardo que olha diretamente para o espectador.

Apaixonar-se pelo enigma da Mona Lisa é também acompanhar a irradiação da obra, ao longo do tempo, sobre outros artistas, sobre outras sensibilidades criadoras.

Há um filme relativamente recente (2003), *O sorriso de Mona Lisa*, capaz de despertar outras considerações. A história do filme se passa na década de 1950. A atriz Julia Roberts no papel de uma professora com ideias novas, contratada por um colégio feminino rico e tradicionalista. Vai lecionar aulas de História da Arte e encontra alunas "adestradas", para quem a arte já está decodificada e os professores são tediosamente previsíveis. A própria escola é apenas um trampolim para a "carreira" de esposa, imagem sorridente e perfeita... Será preciso romper, repensar o conteúdo da disciplina, apresentar-lhes estéticas pouco familiares: o futurismo e o expressionismo, o cubismo, o dadaísmo e o surrealismo, desencadear sensações e sentimentos desconhecidos, desvelar ideias outras, plantar preocupações diversas.

A partir do século passado, multiplicaram-se os usos e os abusos com a imagem agora multiplicada para além do Louvre, item famoso do museu liberto da moldura e de sua aura... Criou-se uma tradição no ato de reproduzir de modo transgressor a pintura impecável, que estava lá, no pedestal, exemplo maior da arte renascentista ou mesmo da arte ocidental.

Marcel Duchamp (1887-1968), com um lápis, pôs bigode e cavanhaque no rosto da bela mulher, acrescentando o título "L.H.O.O.Q.", letras que pronunciadas em francês resultam em frase irreverente: *"Elle a chaud au cul"*. Salvador Dalí (1904-1989) aproveitou a sugestão. Parodiando a paródia, interpôs seu próprio rosto, e seu bigode exótico, no corpo de Mona Lisa: *Autorretrato como Mona Lisa*. O pintor colombiano Fernando Botero (1932-) incluiu uma versão de Mona Lisa entre seus personagens corpulentos. A sequência a seguir, desenho de um guardanapo, apresenta Mona Lisa às gargalhadas. Do sorriso contido e tímido (para qualquer mulher no Renascimento ser retratada com os dentes à mostra era inconcebível) à explosão de alegria, a pintura é recriada na forma de uma história em quadrinhos, ou como a sucessão de doze fotogramas, evocando também o *Díptico de Marilyn Monroe*, de Andy Warhol (1928-1987).

O apetite e a assimilação

O filósofo e professor Alain (Émile Chartier) (1868-1951), num de seus textos sobre questões estéticas, definia-se como um leitor "*de bon appétit*" (ALAIN, 1949, p. 42), mas ao mesmo tempo não queria que seu gosto multivariado fosse visto como regra para os demais. O gosto pessoal é algo a ser cultivado com liberdade... e idiossincrasia. Guimarães Rosa abominava o estilo de Machado de Assis (1839-1908), tido e havido como um dos maiores romancistas brasileiros, grande poeta, contista quase insuperável, crítico literário sagaz. Rosa abominava o ícone e justificava sua opinião. Aliás, acreditava Alain que os elogios excessivos deveriam ser examinados com reservas. E podemos acrescentar: as abominações também. Sobretudo abominações contra um ícone da estatura de Machado, mesmo partindo de outro ícone da literatura brasileira como o autor de *Sagarana*!

Adorações e execrações são relativas. Porque dependem de nossa trajetória, de nossas experiências estéticas. Dependem dos novos rumos que porventura queiramos imprimir aos nossos encontros com a arte. O importante é não encarar o fenômeno estético de modo abstrato e distante. É impossível agradar a todos... e é impossível desagradar a todos.

---

[6] *Mona Laugh Sequence*, em: STOREY, Mary Rose. *Mona Lisas*. New York: Abrams, 1980, figura 4.

Não se trata de refugiar-nos agora na posição relativista, superficial, comodista, que tudo aceita e com tudo concorda para evitar transtornos e trabalho mental. O relativo é relacional, melhor dizendo. O julgamento estético que estamos chamados a fazer é fruto de nossa formação, e nessa formação sempre poderemos perceber pontos positivos e lacunas. A formação estética resulta das relações que estabelecemos, e que continuamos estabelecendo, com obras de arte de todos os tipos, em circunstâncias favoráveis ou menos favoráveis.

Cada um há de relacionar-se com a obra de arte em sua concretude. A minha primeira leitura de um autor pode não ter sido das melhores, como pode ter sido malsucedido o primeiro bocado de jiló que experimentei. Um alerta: não rebaixamos um autor à condição de um simples jiló, se pensarmos nas propriedades estomáquicas e tônicas desse fruto. José Saramago (1922-2010) pode ser amargo – muitos brincam com seu nome... sal + amargo, "ser amargo" –, mas esse amargor fortificará a nossa maneira de assimilar certas questões da atualidade. Estômagos fracos poderão rejeitá-lo, e, mesmo para compleições robustas, Saramago em excesso pode fazer mal. Mas nem por isso devemos desprezar suas qualidades e seu gosto.

Tal esforço para descobrir as qualidades intrínsecas da obra de arte contradiz não raro o nosso próprio gosto, o nosso próprio paladar estético, como bem observou Kant. Tapamos os ouvidos a quem nos tenta convencer de que algo seja belo, se esse algo não nos parece belo. Razões e argumentos que nos contrariam são rechaçados. Em sua *Crítica da faculdade do juízo*, Kant recorre, com espírito didático (que lhe sobrava como professor em aula mas nem sempre estava presente nos textos acadêmicos), à sugestiva comparação entre gosto estético e gosto culinário:

> [...] alguém pode enumerar-me todos os ingredientes de uma comida e observar, sobre cada um, que ele aliás me é agradável; além disso pode, com razão, elogiar o caráter saudável dessa comida; todavia, sou surdo a todos esses argumentos, eu provo o prato em minha língua e meu paladar e, de acordo com isso, não segundo princípios universais, profiro meu juízo. (KANT, 2008, p. 131)

No *Ensaio sobre a cegueira*, um dos personagens diz a verdade difícil de ver e de engolir: "Pois eu estou desconfiado de que não há limites para o mau, para o mal" (SARAMAGO, 2001, p. 144). É preciso abrir os olhos para ver a força do mau, encarnação do mal. O desejo de sermos otimistas (um tanto cegos, quem sabe?) nos impede de admitir essa força e, o que é perigoso, fará com que a subestimemos. A paronomásia mau/mal provoca a reflexão. O mau, aquele que pratica o mal, é deste mal que se alimenta. Saramago nos leva a tomar consciência de que o mau ainda não é nada, se admitido em sua grandeza o poder do mal que outros maus e outros males sempre hão de produzir.

O mau, por sua vez, é aquele que está cego para o bem. E é igualmente mal estarmos/sermos cegos para a presença do mal. Todos estamos sujeitos a ficar cegos. E dessa cegueira sofremos não quando os olhos deixam de ver, mas quando a mente se recusa a ver aquilo que os olhos veem. A cegueira, o mal, é névoa branca, contagiosa, que nos lança no inferno.

Há beleza, grandeza, força nesse romance, que se intitula *Ensaio*, pois é típico do Nobel português escrever de modo meditativo, como se estivesse estudando um tema, fazendo considerações que podem parecer deslocadas ou cansativas numa narrativa, mas expressam, gostemos ou não, um sistema de convicções pessoal, uma cosmovisão peculiar, coerente consigo mesma. E os expressam vigorosamente, em estilo bem tramado.

Aprender a ler Saramago, aprender a apreciá-lo, mesmo que dele não se goste (e há quem dele não goste no plano literário em virtude de seu posicionamento político ou de suas críticas às religiões). Saramago faz bem à inteligência, à imaginação, à sensibilidade, se devidamente temperado pela consciência crítica, interpretativa, contextualizadora. Formação estética não é, portanto, satisfação caprichosa do gosto, busca do que me agrada pura e simplesmente. É compreensão (e relativização) até mesmo dos motivos que me levam a não gostar de determinado autor, do trabalho de determinado artista. Compreender e saber o porquê dos desgostos é um modo concreto de definir, em sentido inverso, meus critérios de escolha. E, no âmbito didático, meus critérios de recomendação.

Por vezes, precisamos saborear e assimilar Saramago, para contrabalançar ingenuidades. Mas também por vezes convém recorrer a um Luis Fernando Verissimo (1936-), a um filme de comédia, a uma leitura amena, para nos salvar dos abismos. Nisso há outro tipo de relatividade, e não raro os professores recaem no equívoco de esquecer que os seus alunos têm idades diversas, vivem realidades diversas, possuem possibilidades e impossibilidades. Se queremos que amadureçam e cheguem a bons níveis de apreensão, apreciação e compreensão da arte, precisamos compreendê-los nós, aceitá-los.

Concretamente, pode ser uma forma de afastá-los da arte obrigá-los a degustar, sem os devidos preparativos e aperitivos, obras que pouco ou nada lhes digam, ao menos numa primeira abordagem. Certa vez, um adolescente me contou que, lendo a contragosto o romance *Senhora*, de José de Alencar (1829-1877), deparou com a personagem Aurélia no momento em que ela ia recolher-se aos seus aposentos! Ora – cogitou o leitor –, iria ela se aposentar, por acaso? A pergunta não é descabida para quem ainda precisaria ser apresentado a um outro vocabulário, a um outro tempo, a um outro Brasil.

O professor é mediador do encontro entre alunos e arte, mas obviamente precisa ter a intimidade necessária (ou seja, bastante intimidade!) com a arte que pretende apresentar, quase corrigia o verbo – com que pretende *presentear* seus alunos. Apresentar, tornar presentes, atuais e relevantes, para os alunos até mesmo as obras de arte mais antigas ou mais herméticas. Enfatizando, porém, que esse encontro será sempre uma experiência única e intransferível. A mediação do professor jamais substituirá o diálogo, fácil ou problemático, entre um indivíduo e a obra de arte. A mediação poderá colaborar e muito, estimular, orientar... mas não deverá "poupar" o aluno daquela fundamental e valiosa lição de que eu falava parágrafos atrás – a lição de *não entender*.

O filósofo inglês R. G. Collingwood (1889-1943) relata em sua autobiografia uma experiência intelectual da qual eu não excluiria a dimensão estética, a da admiração, a da abertura para o desconhecido e o transcendente, paradoxalmente revelador e determinador do destino pessoal:

> Meu pai tinha muitos livros, e [...] um dia, quando eu tinha oito anos, a curiosidade levou-me a pegar um livrinho de capa preta em cuja lombada estava escrito *Teoria da ética de Kant* [...] e quando eu comecei a lê-lo, meu pequeno corpo encaixado entre a estante e a mesa, fui assaltado por uma estranha sucessão de emoções. Primeiro, uma excitação

intensa. Senti que naquelas páginas estavam sendo ditas coisas da maior importância sobre temas urgentíssimos: coisas que precisava entender a qualquer preço. A seguir, com uma onda de indignação, sobreveio a descoberta de que eu não conseguia entendê-las. Cheio de pesar e confusão, eu tinha de confessar que ali estava um livro com palavras em inglês, com frases gramaticalmente corretas, mas cujo sentido eu não compreendia. Num terceiro momento, por fim, veio a emoção mais estranha de todas. Senti que o conteúdo daquele livro, embora estivesse fora do meu alcance, de certo modo dizia-me respeito: era uma questão pessoal para mim, ou melhor, era uma questão minha para algum ponto do futuro [...]. Depois de tudo isso, experimentei pouco a pouco a sensação de estar sendo incumbido de uma tarefa cuja natureza eu não sabia definir, a não ser dizendo para mim mesmo: "preciso pensar". (COLLINGWOOD, 1939, p. 3-4)

Não entender... mas assimilar. Formação é isso, fazer de algo carne da nossa carne, sangue do nosso sangue. Fazer de várias e intensas experiências estéticas um certo clima interior, um certo modo de olhar a realidade, um certo modo de aprender e de ensinar.

E a arte se fez carne

O contato com a arte é pessoal, único e intransferível. A formação estética do professor requer atividades que extrapolem a leitura teórica. Por exemplo: frequentar exposições de pinturas, expondo-se o próprio observador àqueles quadros. Dupla exposição, em que a pessoa mergulha no quadro e o quadro mergulha naquele que o contempla. Outro exemplo: conhecer programas populares de teatro em sua cidade, para ver como os atores, expondo-se, expõem a nós mesmos. Cada qual deverá cuidar da sua agenda cultural, da sua agenda artística.

Haverá pelo menos dois tipos de encontro com poemas, gravuras, filmes, peças de teatro, etc.

Um tipo de encontro com a obra de arte provoca *empatia*. A empatia é um sair de mim mesmo, estado em que no entanto eu me aprofundo em mim mesmo. Não me confundo com a obra, mas eu e ela estamos "dentro". Eu dentro dela. Ela dentro de mim. Os limites não desaparecem, mas se flexibilizam. A emoção me move. Tudo é muito rápido. Os limites são rompidos naquele momento mágico, sem que a obra perca sua identidade, nem eu a minha.

Opera-se, então, uma libertação. Saindo eu de mim (êxtase), sai de mim, vem à tona um sentimento, produz-se um *insight*, floresce em mim uma solução existencial, brota em mim uma verdade até então inibida por mil e uma circunstâncias, condicionamentos, entraves. Sinto uma revigoração. Um entusiasmo inexplicável. Haverá sorriso, ou choro. Os olhos se fecham. Ou ficam arregalados.

O outro tipo de encontro predispõe ao convívio, e do convívio se alimenta. Há então uma longa tarefa pela frente na colheita paciente dos valores estéticos. O observador da obra de arte se dedica a identificar as relações formais que há entre as palavras de um texto poético, entre as cores e linhas de um quadro, entre os gestos, as vozes e a música de uma ópera. Além das relações formais, as relações entre a obra e o entorno em que foi concebida ou em que se encontra aquele que entra em contato com a obra.

Esse encontro de médio ou longo prazo implica pesquisa e reflexão, implica a busca de detalhes, o entrelaçamento de informações biográficas com aspectos da obra, a leitura de críticas e opiniões a respeito, o querer inteirar-se ao máximo... do máximo possível.

Pensemos num dos mais importantes legados do pensamento poético ocidental – as cartas que Rainer Maria Rilke (1875-1926) escreveu a Franz Xaver Kappus (1883-1966) entre 1903 e 1908, publicadas na Alemanha em 1929. Cada uma dessas dez cartas são pequenas obras-primas. Ainda que alguém não as possa ler no idioma original, flagra (graças a uma boa tradução), nas linhas e entrelinhas, a maestria do poeta lidando com as palavras e com elas construindo, despretensiosamente, como um missivista anônimo, uma certa visão estética da vida e uma certa visão vitalista da literatura.

Quando a correspondência teve início, Kappus contava com 19 anos de idade. Rilke, com 27. A diferença de apenas 8 anos entre um e outro poderia não justificar o título do livro: *Cartas a um jovem poeta*. Talvez por isso haja uma tradução publicada em Lisboa com o título *Cartas a um poeta* (1971), de Fernanda de Castro (1900-1994), descartando o "*jungen*" do título original: *Briefe an einen jungen Dichter*.

Embora ambos fossem jovens, Rilke possuía uma visão profunda da existência humana e da arte, por força da própria experiência poética e das dores psicológicas acumuladas durante a infância e a adolescência, dores que se tornariam mais intensas, anos depois, diante de uma Europa destruída pela Grande Guerra de 1914.

No momento em que a primeira carta de Kappus chegou às mãos do poeta, este começava a se tornar um literato reconhecido – já publicara quatro livros de poemas e o *Histórias do bom Deus*, em que se revelam sua peculiar sensibilidade e não menos peculiar misticismo.

Em 1903, Rilke acabara de se separar amigavelmente da esposa, a escultora alemã Clara Westhoff (1878-1954), com quem tivera uma filha. Entre o mês de agosto de 1902 e o início de 1903, trabalhara numa monografia sobre Auguste Rodin, encomendada pelo professor de arte e editor Richard Muther (1860-1909). Conforme conta o próprio Kappus, tudo começou quando, no início do outono de 1902, lendo, relendo os poemas de Rilke, e encontrando muitas afinidades, cogitou que seria aquele poeta, talvez, a única pessoa capaz de entender suas inquietações existenciais e literárias. Enviou-lhe uma carta sincera, na qual pedia conselhos. Muitas semanas depois veio a resposta, e ao longo de cinco anos outras nove cartas, sempre solícitas e calorosas.

Devemos a Kappus a generosa iniciativa de publicá-las. Elas se tornaram-se referência para muitos escritores e artistas iniciantes ao longo das últimas décadas. As cartas do poeta mais jovem (que mais tarde tornou-se romancista sem grande repercussão) não foram divulgadas. Temos de adivinhar nos comentários de Rilke as perguntas do interlocutor. É famosa, entre outras, a recomendação para que o poeta assuma a solidão como sinal de autêntica vida interior. E se essa solidão faz sofrer, que suas queixas sejam belas! A solidão como uma ética, uma ascética e uma estética. O Solitário, não o egoísta. O Solitário habita um espaço em que há amor e compreensão. Trata-se, em suma, de um profundo e decisivo encontro consigo mesmo.

Conhecida igualmente é a ideia de que no mundo nada existe de desinteressante. Para o criador, para o artista, o cotidiano, os pequenos assuntos, os objetos que o rodeiam são ricos em possibilidades literárias. Para o criador interessado tudo é inspirador. Outra ideia: a poesia como vocação. Você morreria se lhe proibissem de escrever?, pergunta-nos Rilke. Se a resposta for positiva, se houver, por dentro, um chamado inconfundível, então você é poeta, e deve realizar o seu destino.

Os dois tipos de encontro estético – o empático e o analítico – redundam na absorção da arte, na transformação da arte em carne, em gesto, em conduta. Nós somos aquilo que absorvemos... e absorvemos aquilo que somos. E nada impede que esses dois tipos de encontro se unam e se articulem num só. A cada passo da análise, momentos de empatia. E a empatia estimulando novos passos de análise.

A vontade de formar... e a vontade de formar-se

Herbert Read (1893-1968) refere-se à "vontade de formar" (READ, 1999, p. 166) que domina o artista e que o incita a empregar os materiais que lhe vêm às mãos para colocar essa vontade em prática. Essa vontade tão humana nasce de nossas entranhas. O artista, como todos nós, é compelido a exprimir sua intuição, seu desejo, sua paixão, seu posicionamento perante a realidade, sua concepção de mundo. E ele o faz, dando voz aos que vêm ao encontro de sua arte.

Tal vontade de formar, concretizada numa obra de arte com maior ou menor talento, entrará em possível sintonia com a vontade de formar-se do espectador, do leitor, do contemplador, ou como quer que o chamemos. A obra de arte, produto do artista, impele o receptor ativo a fazer de si mesmo uma obra viva.

Dominado por sua vez pela vontade de formar-se, o professor se deixa influenciar pela arte, administra conscientemente essa influência.

A arte é formativa, porque dá forma a sentimentos e ideias. A dor, o amor, a traição, a compaixão, a luta pela verdade, a crueldade, a miséria, a pilhéria, o medo, a desastrada quebra de um segredo, o pessimismo, o heroísmo se formam e se transformam em melodias, em pinceladas enérgicas, em frases, em desenhos, em movimentos, em cores inéditas, em efeitos especiais, em ritmos, em tons, em linhas, em curvas, etc.

Mas também é formativa quando nos forma, quando forma e transforma nós próprios. Quando nos faz intuir, sentir, captar de modo denso e profundo algo que de outro modo teríamos grande dificuldade para descobrir. Quando nos ajuda a reconhecer intensamente o insípido e o amargo, o doce e o ácido, o ardente e o azedo, o agridoce e o salgado.

Deixar-se formar pela arte não envolve, necessariamente, saber explicá-la. Antes de tudo, e depois de tudo, a formação estética do professor (muito longe de formatações pasteurizadas) consiste em que ele veja melhor o que está vendo, ouça melhor o que está ouvindo, saboreie melhor o que está saboreando. A cegueira e a surdez estéticas são um risco real, mesmo para pessoas capacitadas, comunicativas e criativas! Conta-se que o romancista português Camilo Castelo Branco (1825-1890) considerava qualquer música mero barulho como outro qualquer. Teria o ilustre ficcionista uma incapacidade inata para deliciar-se com harmonias e melodias, ou simplesmente não foi educado musicalmente?

Tenha ou não recebido formação estética na infância e na juventude, cabe ao professor procurá-la intencionalmente, uma formação para ouvir música e não apenas classificá-la em gêneros, para ver pintura e não apenas falar sobre a história da pintura, para ler um livro nas entrelinhas e não apenas encaixar autor e obra em movimentos literários. Refiro-me à autoeducação para ver e ouvir a arte (e para ver e ouvir tudo o mais), sem a preocupação de ver e ouvir unicamente aquilo que podemos enxergar e escutar todos os dias no plano das coisas úteis, manipuláveis, mensuráveis.

A formação estética nos rouba a ingenuidade e nos devolve... ou talvez faça acontecer em nós, como jamais antes, a inocência vidente e audiente. Ignorante e sábia inocência, abrindo-nos para distinguir, ao fundo dos estilos pessoais em diferentes manifestações artísticas, sejam estilos simples ou sofisticados, medianos ou geniais, imaturos ou inesquecíveis, a arte mesma como forma engenhosa nossa, tipicamente humana, com que nos comunicamos com nossos semelhantes/desiguais.

Em busca da inocência inteligente, o professor aperfeiçoa sua autoconsciência, vê-se como sujeito do pensamento e do sentimento e, por outra parte, como alguém chamado a ver, na realidade externa: a beleza, o enigma, a sugestão, o símbolo, a sutileza, o risível, a ambiguidade, o sublime, o trágico... tudo aquilo que prima pela ausência em tantos exames, provas e testes decisivos para definir o destino acadêmico e profissional de nossas crianças e jovens.

Essa autoeducação estética tem várias portas e janelas. A educação visual, a educação verbal e a educação musical são as principais, às quais se associa o intento de desenvolver nossas capacidades como realizadores – a capacidade para ver o desenho, sim, mas igualmente para desenhar, e para modelar; para ver as cores, claro, mas também para pintar; para ouvir, sem dúvida, e para falar, e para cantar; para apreciar a dança e para dançar; capacidade para envolver-se com o ato teatral e para atuar teatralmente; capacidade para imaginar, para ler criativamente e, como decorrência, como resposta: criativamente escrever.

Bem sabemos: não existe quem seja perfeito, completo, preparadíssimo, capaz de desenvolver-se em todas as direções, "assobiar e chupar cana ao mesmo tempo," como diz a sabedoria popular. Entram aqui as inclinações, as escolhas, as oportunidades, as limitações. O desafinado também tem um coração, que baterá mais forte pela poesia, pelo desenho ou pela dança mais que pela arte de cantar. O importante, contudo, é desencadear processos de percepção, de imaginação, de interpretação, de gozo estético. O professor não será um exímio desenhista, ou não morrerá de amores pelo teatro, ou enfrentará dificuldades para sintonizar-se com a música, mas sempre terá condições de indicar com simpatia construída e conquistada, por trás da porta que lhe parecer trancada, um caminho que outros hão de trilhar com proveito.

Um professor esteticamente mais bem formado cultivará (eis um pressuposto somado à esperança) um comportamento especial no cotidiano escolar, porque olhará de modo especial os seus alunos, verá neles artistas em potencial, respeitando essa possibilidade, acreditando nela como realidade alcançável.

Contraexemplo: numa certa escola, a professora de educação artística gritou com a classe:

– Muito bem, crianças, vocês têm dois minutos para terminar o desenho! Vamos logo com isso!

E um menino respondeu:

– Professora, por acaso Di Cavalcanti ia tão rápido assim?!

Em outra escola, outra história. A professora de língua portuguesa noticiava, ou sentenciava...

– Haverá um concurso de poesia na escola, mas conhecendo como eu conheço os alunos desta sala, com certeza ninguém participará.

E havia naquela classe um menino perplexo, silencioso, que mais tarde se tornou poeta...

À vontade de formar que domina o artista e à vontade de formar-se que domina o docente, seguem-se uma terceira, uma quarta e uma quinta vontades: a vontade de o professor formar seus alunos, a vontade de o aluno formar-se e, o que é fruto maduro e desejável nessa trajetória, a vontade de o aluno tornar-se criador, artista, instaurador de processos inspiradores e, nesse sentido, futuro educador da sociedade.

As qualidades de uma obra de arte inspiram e educam o professor. Em consequência, o professor torna-se inspirador para o aluno, indicando-lhe portas para aquelas qualidades. E essas qualidades, impregnadas de valor, influenciam a sensibilidade do aluno, incentivando-o a ver-se como ser criativo.

O escritor irlandês Oscar Wilde (1854-1900) afirmava que uma pessoa é, de fato, aquilo que há nela, e não as coisas, os bens materiais, os bens externos que acumula. Enquanto uma pessoa não se dá conta disso, não viverá efetivamente. Os anos escolares, as notas altas, os diplomas, os títulos, as vitórias acadêmicas, os simpósios, as conferências, os artigos e os livros publicados, os prêmios, as homenagens, tudo isso será muito relativo, serão tão somente episódios passageiros de um currículo meritório (meritória vaidade...), se não forem, antes de tudo, expressão de intenso aprendizado para a vida: "Viver é a coisa mais rara no mundo. Muitas pessoas existem, só isso" (WILDE, 2005, p. 7). Ou como naqueles versos iniciais do poema "Ensinamento", de Adélia Prado (1935-): "Minha mãe achava estudo / a coisa mais fina do mundo. / Não é. / A coisa mais fina do mundo é o sentimento" (PRADO, 1991, p. 118).

Ensinamento e sentimento. Não o sentimento sentimentaloide, perversão da sensibilidade. Há sentimento numa sala de aula arejada, em móveis minimamente confortáveis, numa escola cuidada (num bairro cuidado, numa cidade cuidada, num país cuidado...), nos banheiros limpos, nas paredes com belos cartazes e quadros de avisos atraentes, há sentimento no modo como os professores se vestem (não é preciso ser rico para vestir-se com bom gosto), há sentimento nas formas respeitosas de conversar, há sentimento numa biblioteca organizada, há sentimento num refeitório agradável, numa alimentação preparada com esmero, há sentimento numa sala de computação iluminada, nas máquinas em bom estado de conservação, há sentimento em cada aspecto do espaço educacional.

Desejar e construir uma bela escola é passo importante na educação estética. Da parte do professor, ele está convidado a ser "elemento" valioso nesse quadro, situando-se ele também como "instrumento" da beleza. As aspas significam que não somos meros elementos e instrumentos neste jogo. Somos autênticos personagens em ação. E essa ação parte de uma base: a sensibilidade alargada.

Essa noção de sensibilidade alargada assume lugar importante nestas considerações. Designa uma exigência da profissão docente e um modo concreto de responder aos desafios pedagógicos contemporâneos, além de contribuir (assim espero) para a busca do sentido da educação, em conexão com a busca do sentido da vida.

Alargar a sensibilidade opõe-se, como é óbvio, ao "estreito", ao "acanhado", ao "mesquinho". Eis como nos formarmos esteticamente: alargando a nossa sensibilidade, optando por uma visão visionária, por uma visão clarividente, cuidando do sentimento não destituído de pensamento, abrindo roteiros não rotineiros em nossas observações e avaliações.

A formação estética é trajeto pessoal, carregado de solidão e solidariedade. Lembro-me com alegria da leitura que fiz de um livro do psicólogo existencialista Rollo May (1909-1994), *Minha busca da beleza*, título que reforça ser essa busca única e irrepetível e ao mesmo tempo passível de ser relatada e compartilhada num livro. Busca para fora e para dentro de nós mesmos, em que, como no caso do autor, a dor, as feridas, as dificuldades não só não impedem, mas contribuem para a ampliação da consciência estética:

> Eu continuo muito grato pelo assim chamado colapso nervoso que sofri quando tinha vinte e um anos [...]. Esse acontecimento forçou-me a "acordar" para a vida, a sentir, a não passar pela vida sonambulicamente, a não permitir que meus modelos neuróticos obstruíssem minha apreciação da beleza. Se não tivesse sido por causa de meu caos interior, eu teria, provavelmente, pensado: "Bem, esses campos de papoulas vermelhas são bonitos", e teria prosseguido em meu caminho, sem fazer caso delas. Mas o que aconteceu foi que senti uma afinidade com aquelas papoulas em minha solidão; apanhei uma delas e a estudei com ternura. Senti uma afinidade com toda a natureza, com o universo das madrugadas e das estrelas; eu tinha sido sacudido para fora de minha antiga rotina. (MAY, 1992, p. 162)

Capítulo IV

O UNIVERSO DAS ARTES E A DIDÁTICA

A arte-educação

Seja ou não componente obrigatório, o ensino da arte é necessário. E não só, como rezam decretos, projetos pedagógicos, dissertações e teses, para "promover o desenvolvimento cultural dos alunos", frase que pouco acrescenta (não obstante cheia de boas intenções).

A arte-educação não deveria ser apenas um "componente", uma ou duas horas semanais na vida do estudante, uma pincelada, um rascunho, um esboço. Arte é vital para a criança, para o jovem, para o adulto. Pois é vital, para todos, conhecer e reconhecer no mundo e em nós mesmos a presença da criatividade. É vital, no contexto escolar, porque constitui uma forma de elaborar criativamente o que sabemos e sentimos, e de modo particular o que sentimos e não sabemos como definir e explicar.

As palavras sofrem desgastes, perdem força, tornam-se pedras roliças que vão sendo chutadas para lá e para cá. "Criatividade" tornou-se uma delas. Sua beleza perdeu a graça. Seu "ferrão" desapareceu. Na linguagem publicitária ou empresarial, nos livros de autoajuda e na linguagem pedagógica, assumiu ares de princesa, de rainha, mas agora está congelada, paralisada, no trono intocável, palavra sagrada... inócua... ocultando justamente o contrário do que dela esperávamos. Sob o manto da criatividade vão se esconder a mediocridade, o medo de errar, o servilismo, a presunção de já saber, o vazio entediante.

Precisamos de criatividade autêntica para recriar a criatividade. Precisamos de uma didática criativa, em contraponto com uma didática não didática. Um primeiro passo é repensar, reavaliar (e revalidar) o modo como ensinamos arte. O passo seguinte será pensar no próprio ato de ensinar como ato artístico.

É inconcebível, por princípio, um professor ministrar arte-educação e ser ele mesmo esteticamente imaturo, alheio a uma compreensão abrangente de arte, carente de uma experiência apaixonada da fruição artística, ou até mesmo distante da prática artística (em alguma medida).

A arte tem razões que a própria razão desconhece, mas que depois a própria razão reconhece! A arte abre vias de acesso à realidade, a formas de visualização da realidade desconhecidas para as diversas ciências, mas que beneficiam todos, até os futuros cientistas.

A realidade não é coisa estanque, que se possa cortar em pedaços e submeter a exames. Ainda que seja exatamente assim que se proceda no âmbito científico! É nesse espírito que se colhem resultados parciais, sempre sujeitos a revisões. Resultados úteis, resultados necessários, mas limitados. O microscópio não dará conta de toda a realidade, nem pretenderia fazê-lo (ou melhor, nem pretenderíamos nós esperar do microscópio mais do que isso). O telescópio não pode ver tudo (ou melhor, podemos ver longe, mas não podemos ver tudo com ele), e novos e mais poderosos telescópios fazem desconfiar do muito que jamais veremos. A propósito, atentemos para esse pospositivo grego – *skopéó* –, compondo as palavras referentes aos artefatos que facilitam a observação, instrumentos sempre muito específicos.

O zimoscópio verifica o grau de fermentação de um líquido. Aí reside toda a sua virtude e aí termina o seu alcance. O galactoscópio mede a proporção de gordura no leite. Parabéns para o seu inventor, o dedicado microscopista francês Dr. Alfred Donné (1801-1878), mas não muito mais pode fazer pela humanidade o também chamado lactoscópio. O aeroscópio observa e registra a quantidade de poeira na atmosfera: artefato perfeito para essa finalidade, tão somente.

O pospositivo *skopéó* inspirou Monteiro Lobato (1882-1948) a criar num de seus livros um globo de cristal chamado porviroscópio (LOBATO, p. 58), com o qual se podia conhecer o porvir, o futuro. O que nos permitiria imaginar a arte como um mundoscópio e mesmo um humanoscópio. A arte como "instrumento" com o qual percebemos o mundo e a humanidade. Tal percepção não se faz mediante o acúmulo de informações objetivas, vendo o visível, medindo o mensurável, tocando o tangível e delimitando o delimitável. O mundoscópio e o humanoscópio artísticos captam o transobjetivo da realidade.[7]

O transobjetivo ultrapassa tempo e espaço, e se abre para a recriação. Quando o poeta E. E. Cummings (1894-1962) escreve, em tom amoroso: "em tua beleza o dilema das flautas" (CUMMINGS, 2007, p. 43), convida-me a ler o mesmo verso em outro tempo, em outro espaço e, assim, a recriar as palavras, interpretá-las, atribuindo-lhes sentido. Se o poeta se referia a um "tu" feminino concreto, não se limitou a esse "tu". Eu e outros tantos leitores somos convidados a recriar esse "tu". Dar-lhe outro conteúdo, sem desmanchar aquele. A beleza do "tu" é dilemática. Nela eu percebo duas saídas contraditórias e igualmente insatisfatórias. As flautas enfrentam o dilema. A confusão poética gera discernimento. Beleza, dilema e flautas se articulam na imagem. Na imagem, vejo para além do que vejo. Há também musicalidade nesse "tu", musicalidade e impasse. Sei que não vejo o que o poeta via. Ou ouvia. Mas sei que vislumbro algo que, sem o poeta, não poderia vislumbrar.

A arte, expressiva e comunicativa, inquietadora e epifânica, insubmissa e polifônica, atua como espaço de jogo, como limiar de descobertas, como abertura para combinações novas, para a reinvenção da liberdade. A realidade aparece, mas transfigurada. O ser humano aparece, metamorfoseado. Entramos em contato com o indelimitável, o impalpável, o difuso, mas nem por isso menos real. A arte faz-nos estranhar o que achávamos natural. Faz-nos considerar verossímil o que julgávamos absurdo.

Nas aulas de arte-educação, o contato vivo com as artes é tão importante quanto o contato vivo com animais nas aulas de biologia. Conheci um biólogo professor que levava para seus alunos – a maioria deles nascida e criada em jaulas-apartamentos – insetos saltitantes e pequenos mamíferos imprevisíveis. As crianças e os adolescentes eram convidados a tocar nos animais, e muitos manifestavam nojo e medo. Tinham medo e nojo da vida!

Algo semelhante acontecerá em sala de aula com respeito à arte. Que o aluno perca o nojo à tinta, perca o medo do palco,

---

[7] E passam pela autoscopia, alucinação de quem se vê diante de si, mas na arte é objetividade: a obra do artista é o artista à sua frente.

perca o receio de dizer um poema em voz alta, perca o temor de criar, tão contrário à nossa própria natureza, pois estamos "plugados" à dinâmica criadora do mundo. Nós, mamíferos inteligentes, criamos ferramentas, inventamos novos modos de morar, de nos vestir, de nos comunicar, novas (e belas) formas de nos alimentar. Procriamos, não apenas fisicamente. É metáfora recorrente entre os artistas chamar suas obras de filhos e filhas.

Haverá teoria e prática. A teoria, sim, sempre, mas não empalhada.

Por um lado, noções de Estética, a fim de que se conheçam as propriedades definidoras de uma obra de arte, e as características diferenciadoras, por exemplo, de uma obra de arte literária em comparação com uma obra de arte musical, ou de um afresco renascentista em contraste com um grafite feito com aerossol de tinta.

Por outro lado, além das considerações teóricas, na medida do possível sempre exemplificadas, haverá espaço, orientação e oportunidade para que os alunos coloquem a mão na massa, na palavra, nas cores, nos instrumentos musicais, e coloquem o corpo em ação teatral, e soltem a voz na canção, e recuperem manifestações artísticas tradicionais, e se lancem a outros tipos de criação: histórias em quadrinhos, pequenas instalações, videoarte, fotomontagens com *Photoshop*, etc.

Teatro e educação

O teatro acolhe outras artes, é espaço convidativo para experiências dialogais. Acolhe a música e a poesia, a dança e o riso, a mímica e a canção, acolhe tecnologia e tradições, e acolhe a leitura. Onde há um leitor... pode haver um ator. Em vez de ler para si o que o determinado autor escreveu, o leitor passa a ler em voz alta como se fosse o próprio autor, ou como se fosse um personagem que salta do texto em direção à ribalta.

O ator empresta sua voz, seu corpo, sua vida às palavras de um texto, aos personagens imaginados, contando com a "conivência" dos ouvintes, que passam a ser, mais do que ouvintes passivos, espectadores qualificados, e de certo modo também actantes. E tudo com base num acordo tácito aceito de antemão: aquilo que era apenas imaginação torna-se realidade ao vivo.

Nesse sentido, atores e espectadores, de modos diversos mas convergentes, são intérpretes da arte teatral. O espectador recebe ativamente a interpretação do ator, acreditando nela, pagando para ver... literalmente. Vamos ao teatro não para assistir a Shakespeare, Luigi Pirandello (1867-1936), ou a Molière, Nelson Rodrigues (1912-1980), mas para assistir ao trabalho dos atores que representam papéis concebidos por aqueles dramaturgos. A etimologia manifesta – o ator põe em ação, dá movimento ao personagem, em ligação com o verbo latino *agĕre*: impelir, fazer andar à frente.

Aliás, tudo o que emoldura a ação do ator e lhe serve igualmente de pano de fundo é objeto da crença do espectador. Ele acredita que está diante de uma sala de estar, de um jardim, de um campo de batalha, de uma ilha, de um cemitério, de um quarto de hotel, etc. E porque é assim, por contar sempre com a imaginação do espectador, pode-se representar uma peça com o palco nu, ou seminu, os atores apenas ali, nem sequer caracterizados por vestimentas específicas, a ação sustentada apenas pela fala, pelo diálogo, pelos gestos, pelas máscaras faciais.

Porque, de fato, quem está em primeiro plano é o ator, a atriz. Eles atualizam a cena virtual, incorporando as indicações do dramaturgo e do diretor. Do ponto de vista didático, conduzir os alunos à realização de uma peça teatral, por mais amadorística e ingênua que seja a iniciativa, pressupõe fazer com que cada um se conheça melhor. Cada qual investigará, num primeiro momento, suas possibilidades mais básicas para interpretar determinado papel, em particular a voz, o porte físico e a postura em cena. Entra em jogo também o temperamento (a "temperatura psíquica" de cada um). Há pessoas talhadas para papéis cômicos, outras mais inclinadas a papéis intimistas.

Antes, porém, há uma etapa imprescindível: que os alunos tenham contato com o teatro ele mesmo. Assistir a uma ou várias peças, eventualmente conhecer os bastidores, conversar com os atores, sentir de perto a ação teatral, essa imitação concreta, corpórea da vida. É literariamente válido ter acesso apenas aos textos, mas devemos admitir que ler as peças de um Samuel Becket, de um Bertolt Brecht (1898-1956), de um Oduvaldo Vianna Filho, o Vianinha (1936-1974), por brilhantes que sejam, não é o mesmo que presenciar o trabalho dos atores encarnando, realizando, no calor da hora, a genialidade potencial desses textos.

Boa parte da força ensinante do teatro reside no fato de que o ator e a atriz, seus corpos, seu gestual, seu modo de falar são a matéria mesma da criação artística. O que acarreta consequências importantes, para quem assiste e para quem interpreta.

Para quem assiste, na medida em que esta entrega, essa presença dos atores, sente despertar emoções, sentimentos e paixões que somente no contexto teatral podem se produzir. Um livro, uma escultura, mesmo um filme não apresentam de modo tão intenso, marcante e incisivo o quanto podemos ser "hipócritas". A palavra aqui não possui conotação moral. Remete à antiga noção grega, segundo a qual o hupokritês é aquele que desempenha o papel de ator com maestria, sendo quem não é, vivendo a ilusão como verdade.

A "falsidade" do teatro, a sua "ilusão", o seu "faz de conta", para quem assiste, comunica a dramaticidade da vida, e isso impressiona, comove, leva a um verdadeiro êxtase estético, traduzido, ao final, em aplausos de entusiasmo, e mesmo de sincero agradecimento aos atores.

Quem atua, por outro lado, experimenta também a força reveladora e purificadora do teatro.[8] Dentro de nós, medos, ansiedades, expectativas. A própria morte, a minha morte precisa ser descortinada, devassada pela atuação teatral. Vivem e morrem dentro de nós muitíssimos personagens, que desejam vir à tona para encenar seus papéis. Um número de personagens que torna ínfimo o "espaço" de uma única existência. O teatro liberta esses demônios e anjos, dentro de um quadro expressivo e de beleza.

A propósito, conta-se que, certa vez, um jovem ator estava preocupado por interpretar o papel de um torturador. É que estava interpretando muito bem! Estava até gostando de tudo aquilo, dos instrumentos de tortura, dos gritos das vítimas, a perversa alegria... Em suma, estava se sentindo realizado. E foi procurar Augusto Boal, o diretor, para lhe pedir ajuda — seria ele, afinal, um torturador nato, um monstro? Boal o tranquilizou: "É claro que você é um torturador nato! Todos nós podemos ser tudo o que quisermos! A nossa culpa não está em poder ser... mas em escolher o que jamais deveríamos ser!"

No teatro, como em nenhuma outra arte, alguém se deixa possuir pelo torturador que jamais quereria ser. Possessão que é

---

[8] Essa constatação fez com que o médico romeno Jacob Levy Moreno (1889-1974) iniciasse seus estudos e experimentos clínicos que desembocariam na proposta do psicodrama.

conhecimento, se acreditarmos naquele verso de Jorge de Lima (1895-1953), em Invenção de Orfeu, pergunta metafísica que ao mesmo tempo se responde: "como conhecer as coisas senão sendo-as?" (LIMA, poema XIV, canto VII).

A antiquíssima metáfora do *theatrum mundi*, hoje menos em voga,[9] durante séculos expressou a convicção de que, tal como no teatro, encenamos dia a dia nossos conflitos, nossas relações e nossos destinos. Somos simultaneamente atores e espectadores de uma tragédia, ou de uma comédia humana, ou de um melodrama, ou de uma farsa. O poeta Murilo Mendes (1901-1975) manifestou o desejo profundo de um dia, contemplando a totalidade da história, matar sua "sede de teatro" (MENDES, 1994, p. 329).

Em sentido inverso, visualizamos melhor nossos impasses e conflitos quando dramatizados. Contava o pensador Gabriel Marcel (1889-1973) que diversas vezes dimensionou melhor questões filosóficas e existenciais criando ele próprio peças de teatro nas quais essas questões eram tematizadas e "sofridas" por seus personagens. Longe dessa paixão filosófica, mas seguindo um pouco a mesma lógica, algumas empresas, sob o signo do pragmatismo, têm contratado atores para encenarem peças escritas por encomenda, com a finalidade de abordar, por via indireta, problemas próprios no ambiente profissional.

Numa obra genial intitulada *As duzentas mil situações dramáticas*, Étienne Souriau, de quem falamos no começo deste livro, alude à complexidade e à flexibilidade da vida figuradas no microcosmo teatral. Seu estudo sobre as situações dramáticas lança luzes sobre o teatro e a vida. E podem iluminar também a presença do teatro na vida escolar.

Na realidade teatralmente inventada, os personagens vivem momentos cênicos cujo dinamismo interior capta-nos a atenção, rompe nossos automatismos, faz-nos palpitar ao ritmo dos diálogos. Entrando no mundo do teatro pela porta de um belo espetáculo, reentramos ao mesmo tempo no teatro do mundo, naquele em que amamos e sofremos, vemos e aprendemos.

---

[9] O que não significa que esteja abolida. Há uma riqueza de sentidos ainda hoje explorável nessa antiga concepção do "mundo como teatro, e do teatro como espelho do mundo e como um mundo ele mesmo" (CARLIN; WINE, 2003, p. 6).

Há uma tensão. Nessa tensão é que os personagens aprendem algo sobre a vida, errando e acertando, apostando, ganhando e perdendo, voltando, partindo, acreditando, vingando-se, perdoando, amando e odiando. Tudo é gerúndio nessa ação em duração. E nós vamos aprendendo. Aprendemos com a atmosfera que se cria. Na vida como no teatro, no teatro como na vida.

Podemos nos contentar com o teatro didático, que alerta sobre os perigos dos tóxicos, da poluição, sobre os problemas que causam a gravidez precoce, sobre a violência no trânsito, sobre preconceitos diversos, sobre a forma de se prevenir contra a dengue, etc., etc. Já é alguma coisa, mas podemos ir mais longe. Porque todo teatro ensina só pelo fato de ser teatro.

Os personagens se encontram. Há conflitos. Um conhecido meu costumava expor este silogismo, simples, nada cartesiano, com alguma dose de verdade: "Uma pessoa, outra pessoa... problemas!" Duas pessoas, dois destinos, dois interesses, duas maneiras de pensar são suficientes para instaurar o conflito. Um personagem apenas, recordando sua vida, explorando frustrações ou conquistas, relembrando bons momentos ou grandes injustiças sofridas, basta para criar o conflito. Onde há seres humanos, mesmo solitários... existe o drama, existe teatro.

Entre mil e tantas situações dramáticas, Souriau descreve algumas. Numa delas, um personagem quer que outro aceite determinada proposta. Faz de tudo para convencê-lo. Esforça-se apaixonadamente. Esse outro pode aceitar ou recusar a proposta. Mas está em dúvida. Deseja e resiste. Possui razões suficientes para rejeitar o oferecimento tentador. Há suspense, impasse, tensão.

Na verdade, há duas tensões: a tensão externa, entre quem oferece e o virtual obtentor, e a tensão interna, de quem ao mesmo tempo deseja e recusa, pressionado entre o sim e o não. Nesse jogo, entra um terceiro personagem, que se põe ao lado de quem oferece o dom até agora recusado, torcendo pela aceitação.

Trata-se da mais antiga peça teatral já encenada, em que Eva, apoiada pela Serpente, quer que Adão aceite a proposta de tornar-se deus! Mesmo sendo uma história tão original... Souriau nos faz ver que essa situação se deve, como outra qualquer, à combinação de seis forças fundamentais, ilustradas por símbolos astrológicos:

♌ : o Leão
☉ : o Sol
⊕ : a Terra
♂ : Marte
♎ : a Balança
☾ : a Lua

Adão atua como receptor (Terra), oponente (Marte) e juiz/decisor (Balança); Eva atua como potência (Leão) orientada para fazer a proposta (Sol); o diabo, o enganador, atua como auxiliar (Lua) de Eva. A fórmula dramática do conflito encenado no Jardim do Éden (Adão em conflito com Eva, insuflada/usada/ajudada pela Serpente) ficaria assim:

$$\oplus \quad \libra \quad \mars - \leo \quad \odot - \moon \quad (\leo)$$

Essas forças, recombinadas, produzem milhares de outras situações, teatrais e existenciais. A sugestão é que aprofundemos como atuam, assim no céu como na terra, assim no teatro como na vida, assim na vida como na escola! Teríamos aí um caminho didático fecundo. A própria sala de aula como palco em que essas forças geram conflitos interessantes, com os quais podemos aprender como conviver, como encarar os atritos interpessoais, como estudar e para que estudar, como viver mais intensa e conscientemente.

Vejamos. O professor atua como Leão e Balança, com o intuito de fazer os alunos aceitarem o valor do conhecimento (Sol). É Leão e Balança porque ao mesmo tempo decide se este valor realmente foi aceito, mediante a avaliação. Cada aluno é receptor (Terra), mas sua resistência ao novo faz dele um eventual opositor (Marte). Falta definir a Lua, o auxílio dinâmico. De que lado ela ficará? Eis a questão. Se a Lua vier em auxílio do Leão, teremos um personagem a favor do professor, talvez um aluno, talvez o computador! Se a Lua estiver do lado de Marte, quem sabe um aluno carismático e desafiador se oponha ao professor abertamente.

Outra possibilidade seria a Lua posicionar-se ao lado do conhecimento, o que representaria a "tentação positiva" e o desaparecimento da resistência. Os alunos, vistos como turma-personagem, são Terra e exercem a função auxiliar da Lua, recebendo o Sol... do saber. Por outra parte, o professor encarna a força que oferece esse saber, julgando se houve adesão dos alunos ao conhecimento. Tal desenlace ficaria assim formulado:

☿ ☾ (☉) – ♌ ☉ ♎

Caberia ainda pensarmos na sala de aula como espaço da atuação teatral. Nesse espaço é preciso que nos localizemos, atentando para as outras pessoas, para as luzes, os sons, etc. Não só. É preciso que percebamos o que acontece ali de peculiar. Desse modo, quando um aluno que faltou no dia anterior pergunta: "Que coisas vocês fizeram na aula ontem?", o professor-ator responderá: "Desculpe, mas nós não fizemos *coisa* nenhuma ontem... Seria preciso que você estivesse presente para entender o que *aconteceu* por aqui!".

Se professor e alunos desempenham seus papéis na busca do conhecimento e do crescimento pessoal, a aula torna-se autêntica obra dramática, na qual a eloquência, a vivacidade, os gestos significativos, o humor, o diálogo, a criatividade, a surpresa e mesmo as desavenças compõem e enriquecem o espetáculo didático.

Literatura, cinema e conhecimento

Teatro é literatura, entendendo-se o texto dramático como objeto de leitura. Será plenamente teatro quando representado pelos atores, sem dúvida, mas como texto pode ser "encenado" na imaginação do leitor, que faz o mesmo ao ler um romance ou um conto.

O importante é que se cumpra aquela função maior da arte que mencionei páginas atrás. Que seja um mundoscópio e um humanoscópio. Como no caso da cena-monólogo em um ato de *Os males do tabaco*, de Anton Tchecov (1860-1904).

O personagem apresenta-se num clube de província para fazer (supõe-se) uma preleção sobre os malefícios à saúde provocados pelo tabaco. Foi a esposa que o coloca nessa situação, e ele, marido submisso, obedece sem reclamar. A confusão mental, fruto do seu sofrimento, leva Ivan Niukhin a desviar-se do tema uma e outra vez. Como leitor, posso imaginar o personagem meio bêbado, meio perturbado, mais preocupado em queixar-se da vida e relatar os malefícios do seu casamento do que os do fumo. Niukhin trabalha como escravo para a mulher, dona de uma escola de música e um pensionato feminino. Além de cuidar da parte administrativa do pensionato, ele é obrigado a lecionar ali as mais diversas matérias: matemática, física, química, geografia, história, literatura, dança e música!

A mulher não está presente. O marido infeliz aproveita a oportunidade para desabafar, falar de seus sonhos de juventude, sua amargura, sua raiva, sua frustração, seus medos e sua vontade de fugir daquilo tudo:

> Fugir, jogar tudo para cima e fugir sem olhar... para onde? Tanto faz para onde... contanto que consiga fugir dessa vida suja, vulgar, miserável, que me transformou num velho, num velho imbecil e desprezível, num velho, num desprezível idiota, fugir dessa mulher estúpida, mesquinha, malvada, malvada, unha de fome malvada, que me atormenta há 33 anos, fugir da música, da cozinha, do dinheiro dela, de todas essas misérias e vulgaridades... e ir parar nalgum lugar bem longe no campo e me transformar em árvore, em poste, num espantalho de pássaros, a céu aberto, e passar a noite contemplando a lua clara, silenciosa, que paira acima da gente, e esquecer, esquecer... (TCHECOV, 2003, p. 164-165)

Sua evasão tem um propósito estético, a contemplação silenciosa, a integração num quadro campestre, o esquecimento da existência mesquinha, subalterna. Ao mesmo tempo, sua dor é bela, sua vida miserável desperta em nós a compaixão, a paixão compartilhada. Rimos também da situação patética, da sua contradição (ser fumante e vir falar sobre os males do tabaco), do seu nervosismo, de seus cacoetes. E sua passividade nos constrange, porque voltará à consentida escravidão, pedindo ao público que seja conivente com aquela farsa.

Tchecov nos faz conhecer os malefícios da vida dupla, o que há nisso de subjetivamente trágico e de objetivamente cômico. A subserviência real e a aparência de sabedoria. O tema da aula anunciado e o que afinal o professor queria dizer. A consciência de ter desperdiçado a vida... e a conivência com a situação. O papel convencional que somos obrigados a desempenhar... e a verdade dolorosa, que se impõe. Ser culto e ser capacho. Ser marionete e ser livre. Ser e não ser.

O que nos ensina o professor Niukhin?

Niukhin ensina, atuando. É um herói solitário, o único a falar, o único a se expor, o nosso representante. Herói fracassado, retrato da nossa condição. O herói tem algo de divino e de humano, de glorioso e desprezível, mortal e imortal. Não estou pensando no super-herói. O herói é herói por ser profundamente humano. A heroicidade de Niukhin reside na sua coragem covarde, ou na sua covardia corajosa, de fazer diante do público a confissão do inconfessável. Em face do ridículo, apresenta a sua existência tal como é. A vida como ela é. A arte como fuga *para a* realidade. A literatura criando os subtextos, o subentendido.

E então podemos ver o mundo e a humanidade pela leitura das entrelinhas, como se estivéssemos flagrando a intimidade da vida pelo buraco da fechadura.

Teatro e literatura, por sua vez, alimentam o cinema... e a TV. Importantes obras literárias e teatrais tornaram-se conhecidas do grande público graças a essa transposição. Sem sairmos da filmografia nacional, vêm à lembrança uma longa lista de adaptações (calcula-se que houve até hoje cerca de quatrocentas) com base em textos de Machado de Assis, José de Alencar, Guimarães Rosa, Monteiro Lobato, Nelson Rodrigues, Clarice Lispector, Lima Barreto (1881-1922), Euclides da Cunha (1866-1909), José Lins do Rego (1901-1957), Erico Verissimo (1905-1975), Graciliano Ramos (1892-1953), Raduan Nassar (1935-), Jorge Amado (1912-2001), Autran Dourado (1926-2012), João Ubaldo Ribeiro (1941-), Mário de Andrade (1893-1945), Rachel de Queiroz (1910-2003), Plínio Marcos (1935-1999), Fernando Sabino (1923-2004), Ariano Suassuna (1927-), Lygia Fagundes Telles (1923-), Chico Buarque de Hollanda (1944-), Antonio Callado (1917-1997)... e de autores mais novos como Paulo Lins (1958-) e seu livro *Cidade de Deus*, Lourenço Mutarelli (1964-) com o romance *O cheiro do ralo*, e Austregésilo Carrano (1957-2008) com *Canto dos malditos*, que originou o filme *Bicho de sete cabeças*.

O que é benéfico por um lado é arriscado por outro. Claro que é desejável a divulgação da literatura para além do formato livro e fora dos espaços acadêmicos. No entanto, em paralelo, criou-se entre muitos estudantes a mentalidade errônea de que a obra adaptada para a tela vale como sucedâneo perfeito da leitura do próprio texto. Ou pior: o filme encarado como simples resumo (urgente e salvador!) da leitura exigida para cumprir tarefa escolar ou enfrentar as questões do vestibular.

Mas a isso, certamente, não se limita o inegável potencial pedagógico do cinema. A sétima arte é educativa em pelo menos três direções. Quando vemos o ensino tematizado pelo cinema. Quando utilizamos o cinema para ensinar determinados saberes. E quando ensinamos a arte de fazer cinema.

No primeiro caso, o ambiente escolar como objeto do filme, e ponto de partida para discussões sobre a função social do professor, sua prática pedagógica, a relação entre família e escola, etc.

Por exemplo, o filme francês *Ça commence aujourd'hui* (1999), com direção de Bertrand Tavernier (1941-). Em português, o título é *Quando tudo começa*. De fato, para um professor apaixonado, tudo começa hoje, tudo começa a cada dia, a cada hoje, e tudo tem de recomeçar, mesmo que o passado, que não passa, pese tanto.

O protagonista, Daniel Lefebvre, é diretor e professor numa escola maternal pública de uma região francesa que atravessa graves problemas causados pelo desemprego. Filho de um mineiro, de quem apanhava na infância, o professor quer cuidar de todos os problemas de todas as pessoas, envolve-se com a vida dos alunos. Dirige uma boa equipe, e tem uma companheira que lhe dá forças.

Seu dia a dia consiste em lutar contra mil e uma dificuldades, a escola é invadida por adolescentes que quebram e roubam, tem de suportar a vigilância inepta do Estado, faltam recursos. Em particular, está preocupado com uma mãe, Madame Henry, que é alcoólatra e enfrenta problemas econômicos sérios. O marido sofre. Sua filha, a pequena Laetitia, sofre. E ainda há um bebê recém-nascido. Um acontecimento trágico quase leva Daniel a desistir de tudo.

Os problemas das crianças que acompanha com carinho, as barreiras burocráticas que lhe impõem, o conflito com autoridades educacionais e políticas, tudo isso gera angústia. Angústia de Daniel e angústia de quem assiste ao filme. Mas também desperta em nós admiração pela coragem do homem (e do cidadão, e do profissional) que, à noite, ainda encontra tempo para escrever contos poéticos.

A segunda vertente: o conteúdo fílmico a serviço de disciplinas específicas. Por se tratar de obra ficcional, convém alertar para as naturais divergências (divergências criativas e sugestivas!)

entre a interpretação do cineasta e o que dizem os livros de história, música, física, medicina. O filme servirá como contraponto, estímulo e ocasião para estudar e refletir.

Veja-se o excelente *Gladiador* (2000). A história se passa em 180 d.C., quando o Império romano já se encontra em irrefreável decadência. O imperador Marcus Aurelius, vendo sua morte próxima, deseja que o general Maximus o substitua, e faça o que for necessário para que o Império se torne uma República. Commodus, filho do imperador, mata o pai, assume o comando do Império e passa a hostilizar e perseguir Maximus.

Embora carregado de realismo e de fidelidade aos elementos históricos, o filme não prometeu abster-se da imaginação. A figura magnânima do general Maximus, que encarna as virtudes romanas, é inventada. Commodus assumiu o trono quando seu pai morreu em virtude de uma peste e não, como no filme, assassinado pelo filho. E o que é mais significativo: não há registros que indiquem tenha sido desejo de Marcus Aurelius outorgar sua sucessão a outra pessoa, muito menos com a intenção de promover a arriscada transição entre Império e República.

Na terceira direção, os alunos aprendem a fazer cinema. A produção de um pequeno filme requer o empenho de todos, a capacidade de produzir esteticamente com espírito de colaboração. Havendo condições tecnológicas (e hoje tais condições se tornam cada vez mais acessíveis), pode-se realizar um belo trabalho de pesquisa, roteirização, criação de personagens, edição, unido à apropriação de noções técnicas (câmera subjetiva, claquete, corte, fusão, decupagem), trabalho individual e coletivo que, mesmo amadoristicamente, convida ao aprendizado num clima interdisciplinar, na adaptação cinematográfica de um conto, de um poema, ou na criação de documentário sobre questões ligadas ao conteúdo curricular.

Há ainda um quarto caminho de aprendizado pelo cinema, que é *aprender a pensar*. Ou numa linha mais pragmática ou mais filosófica.

Do ponto de vista pragmático, no que tange diretamente à vida profissional, uma série de filmes pode servir como pano de fundo para debates sobre questões que influenciam o cotidiano laboral: motivação, abuso de poder, responsabilidade social, preconceito, superação de obstáculos, ética e negócios, ética e tecnologia, clima organizacional, globalização, com um direcionamento mais ou menos acertado.

Um exemplo entre muitos: o filme hispano-argentino *El método* (2005), intitulado no Brasil *O que você faria?*, adaptação da peça teatral *El método Grönholm*, do catalão Jordi Galcerán (1964-), é ótimo pretexto para avaliar os processos seletivos, as relações humanas dentro da empresa, as perigosas manipulações, em suma, o que faríamos e o que fazemos.

Já do ponto de vista filosófico, o cinema surge como inspiração para pensar de modo implacável e responsável. Não simplesmente como ilustração de teses filosóficas ou, em outro sentido, como vulgarização de filmes "inteligentes" e "profundos". O cinema, enfim, no centro da reflexão, uma "reflexão cine-filosófica" (CABRERA, p. 13).

Para entendermos como o cinema pensa e para pensarmos temas propostos pela produção cinematográfica clássica e contemporânea, teremos de repensar o modo como assistimos ao cinema. Para que não seja apenas entretenimento, diversão, *hobby*, o que por si só pode ser saudável e enriquecedor, sua presença no âmbito da educação requer o desenvolvimento de abordagens que ultrapassem sensações e achismos. O cinema, tanto quanto a literatura, tanto quanto qualquer outra arte, será oportunidade para problematizarmos a realidade e descobrirmos caminhos de humanização.

Música: a arte de ouvir

A música, "musa única", como canta Gilberto Gil (1942-), atuará como formadora de nossa criatividade, sob a condição de que desenvolvamos a capacidade de *receber ativamente* os seus valores. A experiência musical exercita-nos profundamente, introduzindo-nos na intimidade dos ritmos, melodias e harmonias da vida.

A relação entre música e vida – e isso vale para os outros pares, poesia-vida, cinema-vida, teatro-vida... – demanda dos professores uma formação específica que supere as manifestações de mero agrado/desagrado. Tal formação confere ao professor condições de vislumbrar e fazer vislumbrar nas diferentes manifestações musicais a possibilidade de um diálogo entre aquilo que se ouve e aquele que ouve.

Dialogar com a música, estabelecer com ela uma convivência de prazer e conhecimento, de invenção e liberdade. Em alguns casos, talentos virão à tona de modo avassalador, como o alagoano

Hermeto Pascoal (1936-), que na escola, quando criança, aprendera com os professores a construir instrumentos com latas de goiabada. Sua primeira criação foi fazer de uma lata de goiabada um "violãozinho", o que desencadeou (tirou o cadeado...) o seu autodidatismo. Na adolescência, experimentava os sons que pudesse produzir em garrafas, foices, enxadas, machados. Possui ouvido absoluto, uma curiosidade insaciável e a coragem de experimentar. Afirma com naturalidade que "tudo tem som", o que o autoriza a "tocar" bacias d'água, chaleiras, brinquedos de plástico ou borracha, calota de carro, tudo, até mesmo animais vivos. Num espetáculo, pegou uma bomba de encher balões de aniversário e começou a tocar músicas clássicas e populares, levando o público ao êxtase.

Embora seja extraordinário, não é caso isolado. A sensibilidade auditiva cultivada fica insatisfeita com o que existe, busca musicalidade em coisas inusitadas ou cria novos instrumentos, manifesto rebelde de amor à música. Tom Zé (1936-) já usou lixadeiras, enceradeiras e furadeiras em seus *shows* e batizou de buzinório um encanamento dotado de buzinas. Luciano Sallun (1979-) criou um instrumento de cordas chamado armesk, feito com lata de biscoito e cabo de vassoura. O lendário Raul de Souza (1934-) inventou o souzabone, trombone com quatro válvulas, uma delas cromática (formada somente por semitons). José Rogério Licks (1948-) criou o morgumel, semelhante à mbira africana, mas com uma segunda caixa de ressonância, e que se toca com todos os dedos, não só com o polegar.

Nada absurdo, portanto, imaginar quantos talentos musicais já se perderam por falta de estímulo adequado dentro de uma escola preocupadíssima em cobrar obediência às regras gramaticais, memória das datas históricas e manejo das frações.

Alguém poderia alegar, no entanto, que a escola existe, acima de tudo, para formar cidadãos comuns, treinar trabalhadores competentes, capacitados para escrever relatórios, preencher formulários e produzir planilhas. E que os prodígios musicais independem desse modelo de escola e, com maior ou menor sofrimento, sempre acabam por extravasar os limites curriculares. Sendo um traço inato e onipotente de certas pessoas privilegiadas, ao qual ninguém nem elas mesmas podem resistir, também muito pouco ou nada a favor poderia ser feito. É... talvez sim.

Seja como for, a educação musical deve ter seu lugar assegurado. Porque tentará despertar em crianças e jovens o "interesse desinteressado", como diria Kant, a capacidade de apreciar estilos musicais diversos, de aplaudir os Hermetos, de admirar um armesk e um morgumel, de compreender o contexto histórico em que surgiram músicos e gêneros, cantores e compositores. E que aprendam a ouvir Mozart (1756-1791) e Villa-Lobos (1887-1959), Maurice Ravel (1875-1937) e Pixinguinha (1897-1973), Tom Jobim (1927-1994) e Egberto Gismonti (1947-), Naná Vasconcelos (1944-), João Donato (1934-) e Ernesto Nazareth (1863-1934), *jazz* e canto gregoriano, chorinho e *rap*, baião e *reggae*, *pop-rock* e *blues*.

A questão não é só ter ou não talento. A música nos ensina a ouvir. E que saibamos musicalizar a existência, defendendo-nos da prostituição musical, cujo exemplo mais citado é o uso (verdadeiro abuso) de um trecho de *Pour Élise*, de Beethoven, como forma de avisar que o caminhão que vendia botijão de gás estava passando na rua (isso acontecia na cidade de São Paulo tempos atrás). Atualmente o trecho musical também pode ser ouvido como toque de telefone celular...[10]

As mais simples descobertas, como reconhecer e distinguir o som de diferentes instrumentos (e saber sua "biografia"), os tipos de vozes (e saber que tipo de voz eu tenho), os gêneros e as formas musicais (música sinfônica, música de câmera, madrigal, ária e ópera, missa e oratório, sonata, etc.) são descobertas que afinam a audição, descortinando a polifonia da vida. Quando aprendemos, na prática e na teoria (experimentando primeiro para depois ou simultaneamente desejar e saborear a teoria...), noções como altura, duração, intensidade, timbre, compasso, intervalo, andamento... mergulhamos na experiência de ouvir melhor.

Independentemente de concordarmos ou não com os pressupostos metafísicos de Schopenhauer, chama a atenção que tenha ele avaliado a música como a mais importante das artes,[11] a que se

---

[10] George Steiner (1929-) denuncia o uso de citações de Shakespeare e Kant para vender sabão em pó e um tema musical de Franz Joseph Haydn (1732-1809) para o lançamento de uma linha de meias femininas (STEINER, 2003, p. 51).

[11] Em seu sistema, Schopenhauer põe a arquitetura em último lugar, por ser dentre as artes a que se vincula ao mais básico, aproximando-se da jardinagem.

confunde com o próprio cosmos, e tenha recomendado a todos que a ouvissem com frequência e reflexão persistente. Exercício nada gratuito, pois o objetivo é, afinal, em sua concepção, perceber em que medida a música "é a melodia da qual o mundo é o texto" (SCHOPENHAUER, 2003, p. 235).

A música é presença, mas para percebê-la eu também preciso *estar presente*, ou seja, disponível e aberto para corresponder ao chamado musical. A música é impura, no sentido de que me leva a recriar emoções, acolher intuições, vibrar em consonância. O apelo auditivo deflagra a minha imaginação, a minha memória e o meu corpo. Ativa-se em mim uma visão musical e uma ação musical. Realidades informes, inertes e mudas transformam-se em imagem, movimento e melodia. Sinto-me estimulado a cantarolar, dançar, sintonizar-me.

Educação musical está muito longe da afetação musical. Se a música for apenas mais uma matéria escolar entre outras, uma obrigação a mais em nossa tão desejada "formação integral", deixará de humanizar. Será obstáculo.

Lembro-me, a propósito, de um episódio que envolve o grande maestro italiano Arturo Toscanini (1867-1957), conhecido pela forma exagerada, apaixonada, como exigia de si e da orquestra, e pelo modo como, em momentos de "ira santa", "ira estética", lançava a batuta feito flecha contra um músico que continuasse errando.

Toscanini fora convidado pelo prefeito de uma cidade para reger a orquestra local. Ele não a conhecia, e, para começar a descobrir seus pontos fortes e possíveis deficiências, principiou com alguma peça de fácil execução. Dois minutos depois, notou que o primeiro violinista estava com o rosto um tanto contraído.

– Primeiro violino, o senhor está bem?

– Estou bem, senhor Toscanini, muito obrigado.

De fato, ao parar de tocar, o rapaz tinha recuperado a aparente tranquilidade, sua fisionomia em estado normal.

O maestro voltou a reger. A orquestra prosseguiu. E de novo o rosto do primeiro violinista contraiu-se numa máscara de dor. A testa enrugada, certa dificuldade para respirar. Toscanini interrompeu de novo e perguntou, um tanto aflito:

– Primeiro violino, o senhor está doente? Não será melhor ir para casa?

— Por favor, senhor maestro, não se preocupe. Estou muito bem.

— Mas, meu caro, o senhor parece doente, talvez precise repousar.

— Não, não estou doente — insistia o primeiro violino.

— Bem, continuemos então!

A orquestra voltou a acompanhar os gestos enérgicos de Toscanini, e o rapaz do violino voltou a fazer caretas de dor e angústia.

Nova interrupção, e o maestro foi incisivo:

— Mas, afinal, primeiro violino, se o senhor não está doente, o que sente de tão terrível? A dor que seu rosto expressa assusta qualquer um. Afinal de contas, o que está acontecendo?!

— Posso ser sincero, senhor maestro...?

— Sim... seja sincero!

— O problema, senhor, é que eu odeio música.

| Capítulo v

A ARTE DE ENSINAR O QUE A ARTE ENSINA

Ensinar... e aprender com arte

O médico e escritor francês Jean Hamburger (1909-1992) em seu *Uma trajetória poética do cotidiano* (ao modo de um dicionário) faz no verbete "educação" duas perguntas retóricas:

> [...] há algo mais fascinante para a criança do que ouvir contar sua própria história? Existe, para o professor, ideia mais estimulante do que ver a ele ser confiada a exposição dos acontecimentos biológicos cujo conhecimento dará, quem sabe, aos homens de amanhã uma oportunidade para construir um mundo aceitável? (HAMBURGER, 1993, p. 83)

Seu ponto de vista é o de um biólogo, obviamente, e não está de todo equivocado em afirmar o que afirma. O curioso é que diferentes cientistas, pensadores e artistas escreveriam o mesmo texto com outras ênfases. O poeta dirá que nada há mais estimulante do que fazer da poesia o eixo da educação, apostando num mundo mais poético. O filósofo elegerá a filosofia. O músico, a música. O físico, a física. O teólogo, a fé. O ambientalista, a ecologia. E assim por diante.

De qualquer modo, a primeira pergunta retórica vale para todos, e todos poderiam concordar que o mundo melhor a ser construído pressupõe sabermos contar às crianças e aos jovens uma história convincente e reveladora. Uma história cujo poder revelatório afete nossa imaginação, nossos sentimentos, nossas emoções, nossa maneira de pensar e julgar, e, por conseguinte, quebre o círculo perverso que nos prende à maldade, à intolerância, à guerra, à crueldade.

Seja o professor ou a professora especialista em Biologia, Física, Matemática, Geografia, Educação Física ou língua estrangeira... o que importa é saberem contar histórias reveladoras. Contadas com beleza, para atrair e manter a atenção, uma vez que já não exercemos aquela antiga autoridade (ilusória, de certo modo, mas eficaz) que concedia aos professores o direito à primeira e à última palavra, sem discussões.

Queiramos ou não, estamos a caminho, ou deveríamos estar a caminho, de uma sala de aula democrática, na qual a autoridade do professor baseia-se num acordo tácito que define quem exerce o papel de narrador principal (sem excluir a coautoria) e quem são os ouvintes (sem excluí-los do direito a dialogar, participar, intervir, contribuir).

Ao professor como narrador principal cabe a responsabilidade de dar ao ouvinte condições para responder melhor. Não se trata de querer a única resposta certa, previamente determinada, mas respostas novas, respostas pessoais, ponto de apoio para melhorar o mundo.

Defender no interior da escola uma "democracia das emoções" (GIDDENS, 2000, p. 74), como diz o sociólogo Anthony Giddens (1938-) em discussão diferente mas aproximada, não significa abolir os deveres e diluir a organização. Deve o aluno respeitar o professor, e o professor, o aluno. Ensinar com arte é uma forma concreta de cumprir o dever docente, e este dever implica, por parte do aluno, o respeito à arte de ensinar. Mais ainda, é dever do aluno criar a sua contrapartida, esmerando-se em uma arte de aprender.

E o que é ensinar com arte?

Uma possível primeira resposta, envolvendo outra vez a contrapartida discente – ensinar com arte é ensinar o aluno a aprender com arte. E o melhor modo de fazê-lo consiste em mostrar como esta arte de aprender "funciona".

Aprender a viver esteticamente significa pensar, imaginar, sentir, falar e mover-se em sintonia com os valores formadores e transformadores da literatura, da pintura, do cinema, do teatro, da música, etc. De posse desses valores, ou melhor, possuído por esses valores, escolho um papel para interpretá-lo. São palavras do cineasta ucraniano Alexander Dovjenko (1894-1956): "Todo homem pode interpretar um papel pelo menos uma vez na vida: o seu" (*apud* AMENGUAL, p. 47). O professor em sala de aula descobre o profissional que é (e o ser humano que é), atuando como artista do ensinar, aprendendo a ser esse artista, escolhendo ser o melhor possível.

Numa de suas considerações estéticas, o poeta Fernando Pessoa (1888-1935) propõe como pedra de toque para aferirmos a grandeza de um artista a seguinte pergunta crítica: "tem paixão ou imaginação ou pensamento?" (PESSOA, 1986, p. 249-250). Refere-se ao artista literário, porquanto o músico, ainda que genial, jamais poderá indicar pensamento, apenas emoção, enquanto que o escultor, o pintor e o arquiteto podem mostrar imaginação, jamais emoção. Se quiserem demonstrar algum pensamento, o pintor e o escultor deverão recorrer ao símbolo, algo de que o arquiteto não pode lançar mão.

Vamos e venhamos: demasiado cerebrinas essas considerações! Mas trazem um critério de avaliação sugestivo. Ainda de acordo com Pessoa, *Os Lusíadas* de Camões tem paixão (o patriotismo), imaginação (o Adamastor, a Ilha dos Amores), mas carecem de pensamento. Os sonetos de outro escritor português, Antero de Quental (1842-1891), têm pensamento, alguma imaginação, mas falham na paixão. Poderíamos dizer que o próprio Fernando Pessoa, abstraindo-se da diversidade de seus heterônimos, manifesta pensamento (até em excesso!), paixão intermitente e boa dose de imaginação, embora menos do que dele se esperava. Para continuarmos entre os portugueses, José Saramago tem escassa paixão, demonstra mais imaginação do que Pessoa e tanto pensamento quanto ele.

Paixão, imaginação e pensamento. Que reencontramos num trecho do "Prólogo" dos *Primeiros cantos*, livro de estreia de Gonçalves Dias (1823-1864), quando o ilustre maranhense, acrescentando àqueles elementos o da natureza e o condimento místico, discorre sobre sua concepção poética:

> Com a vida isolada que vivo, gosto de afastar os olhos de sobre a nossa arena política para ler em minha alma, reduzindo à linguagem harmoniosa e cadente o pensamento que me vem de improviso, e as ideias que em mim desperta a vista de uma paisagem ou do oceano – o aspecto enfim da natureza. Casar

assim o pensamento com o sentimento – o coração com o entendimento – a ideia com a paixão – colorir tudo isto com a imaginação, fundir tudo isto com a vida e com a natureza, purificar tudo com o sentimento da religião e da divindade, eis a Poesia – a Poesia grande e santa – a Poesia como eu a compreendo sem a poder definir, como eu a sinto sem a poder traduzir. (DIAS, 1944, p. 17-18)

Orientados por Fernando Pessoa e Gonçalves Dias, podemos esboçar uma estética docente. O professor-artista saberá conjugar paixão (ideais arraigados na afetividade), pensamento (raciocínio, argumentação) e imaginação (metáforas, histórias), somando-lhes convicções éticas (e eventualmente também religiosas).

O aprendizado do professor-artista é diário, condição *sine qua non* para que reivindique sem complexos o merecido respeito, a necessária valorização. O respeito que todo artista criativo granjeia decorre da criatividade. O aprendizado constante é exercício do pensamento, da paixão e da imaginação. Do pensamento, elaborando conceitos. Da paixão, cultivando ideais. E da imaginação, plasmando ideias e ideais, ou corre o sério risco de cair no abstrato e no distante, até mesmo no entediante.

Mas há dois requisitos prévios: a observação e o estudo. A paisagem e o oceano mencionados por Gonçalves Dias simbolizam o conhecimento da realidade exterior, grandiosa, virtualmente infinita. A alma grande faz tudo valer a pena... mas a alma não é tudo. Sequer saberemos improvisar se não houver a leitura em sentido amplo, leitura da vida e dos livros, do ser humano e dos tratados científicos, do mundo e dos artigos especializados.

Paulo Freire (1921-1997) gostava da história infantil *O peixe Pixote*, (JUNQUEIRA, 2007) e a relia ou pedia que a relessem para ele sempre que possível.

Pixote era infeliz. Morava num lago escuro e ali morria de medo. Volta e meia colocava a cabeça para fora, e se encantava com a beleza exterior: céu azul, flores, cores, crianças, animais, luminosidade, alegria. Sua contemplação era interrompida, porém, pela necessidade urgente de respirar. De novo o negrume do lago, a feiura, o medo, a infelicidade. Voltava de novo à margem do lago, e da margem para o fundo. Aquela vida dupla não era vida. Nem vivia no lago, nem dele escaparia.

Subitamente, deu-se conta de que havia outros peixes dentro do lago. Águas claras, pedras coloridas, plantas aquáticas, sapos, rãs, sapatos velhos, brinquedos que ali caíram, brilhos – beleza. O medo sumiu, e Pixote percebeu tudo. Ficava nadando com medo do escuro, no meio do escuro... porque só nadava de olhos fechados!

Esse est percipi (BERKELEY, 1966, §3), ser é ser percebido, defendia o bispo Berkeley (1685-1753). Tomamos consciência de nossa existência, ampliando nosso contato com o entorno, deixando-nos perceber pelos outros. O peixe Pixote não se deixava perceber pelos outros e não os percebia. Os outros tampouco apareciam na sua história... porque Pixote ele mesmo recusava-se a entrar na história dos outros. Pixote passava despercebido e desapercebido. Não estabelecia uma relação de admiração com o seu lugar, com a sua realidade, com os seus pares. Evitava sair de si mesmo, embora fomentasse a utopia do além-lago. Não percebia a beleza próxima e, como resultado, prisioneiro do medo e da tristeza, condenava-se a (sub)existir, a subsistir, a desistir.

O medo é natural. O escuro esconde perigos, reais e imaginários. Abrir os olhos? Perigoso! Mas é também uma ação natural. E é quando captamos a beleza (precária) do que nos rodeia, vislumbramos possibilidades de jogo e aprendizado. A estética docente tem início quando o professor-ator toma consciência da realidade, com seus matizes, contrastes, paradoxos. A atuação pede um cenário.

Para além do lago escuro existem belos mundos. Nos últimos anos, com base em processos de avaliação internacionais, a mídia tem apresentado como modelos "paradisíacos" os sistemas escolares da Finlândia, da Coreia do Sul, do Canadá, do Japão, da Suíça e outros países.[12] Lá os estudantes estudam com gosto e os professores lecionam com alegria, os governos investem na educação, a vida é colorida... e irrespirável.

Não duvidemos. Mas nem tudo é tão infernal e desesperador dentro do lago escuro. Aliás, boa parte dessa escuridão (e do medo que ela provoca) foi causada por nossa própria limitação visual.

---

[12] O PISA (Programa de Avaliação Internacional de Estudantes), realizado pela Organização para a Cooperação e Desenvolvimento Econômico (OCDE) desde 2000, é o mais citado. Disponível: <http://www.pisa.oecd.org>. Acesso em: 18 agosto 2008.

Fechamos os olhos medrosamente, e a escuridão criada pelos olhos fechados aumenta o nosso medo. Com medo, fechamos ainda mais os olhos. E a escuridão fica ainda maior. Uma coisa intensifica a outra.

Em dado momento, porém, o peixe Pixote abre os olhos, aprende a primeira lição: para vencer a tristeza é necessário ver coisas novas no ambiente de sempre. Ou cheirar, no de sempre, novos odores, como no poema de Adélia Prado, "Três mulheres e uma quarta", em que Araceli, a quarta mulher a cuidar do templo sagrado, fareja o divino em meio à poeira e às flores murchas: "o sovaco de Deus" (PRADO, 1991, p. 226).

Em termos didáticos, ver alunos novos naqueles mesmos alunos de sempre. Uma nova visão sobre o que percebemos abre a possibilidade de sermos igualmente percebidos de novas formas. Longe do "jogo do contente" de Pollyana e de bovarismos ingênuos, nossa atitude otimista terá como fundamento, e trampolim, a constatação de que tudo está ameaçado... mas nada está perdido.

A aula boa e bela

Não por acaso "bonito" é diminutivo de *bueno*, "bom" em espanhol, mediante processo semântico paralelo ao que aconteceu com "belo", proveniente do latim *bellum*, abreviatura de *bonellum*, que por sua vez é diminutivo de *bonum*, "bom". O diminutivo, como nos ensina a linguística, indica, comumente, insuficiência ou pequenez nos substantivos, mas em adjetivos e advérbios pode atuar como intensivo ("pertinho" é muito perto, e "certinho" indica quem faz e como faz as coisas conforme deve ser: "ele é todo certinho" e "ele trabalha certinho"). "Bonito" e "belo" são diminutivos intensificadores da noção de bondade.

Pelo menos etimologicamente, o muito bom é belo. *Bellus* era adjetivo empregado para dizer que algo estava "em bom estado", ou que uma pessoa estava bem de saúde, "em boa forma". A beleza como manifestação da natureza que vai bem, que se realiza como tal. Antes dos latinos, os gregos criaram a palavra *kalokagathia* (*kalós*, belo, gracioso; *agathós*, bom, perfeito no seu gênero), "beleza-bondade", unindo os dois conceitos: a beleza, em certo sentido, como expressão visível do bem, e este, como condição metafísica da beleza.

À palavra criada correspondia o anseio de constatar, não apenas no cosmo, mas entre os próprios mortais, a concretização de realidades que agradassem o sentimento estético e satisfizessem o senso moral. Esse anseio motivava o esforço da educação ateniense em levar o jovem a se tornar um cidadão pleno – a beleza e a força do corpo refletindo a beleza e a força do espírito. A ginástica e a leitura, a música e a filosofia eram caminhos para a busca desse ideal sempre inatingível, um "impossível necessário" (MARÍAS, 1989, p. 21), conceito paradoxal que Julián Marías (1914-2005) criou para referir-se à felicidade e que cabe aqui também. Enfim, como explicou Platão, o objetivo maior da educação era suscitar no corpo e na alma do educando toda a beleza e perfeição possíveis.

A beleza do que é bom, a bondade do que é belo. Bela é a coisa ou a pessoa em boas condições, com uma aparência que faz aparecer a essência, pois, na concepção clássica, as aparências *não enganam*, somos nós que nos enganamos ao interpretar uma aparência erradamente, ao interpretar ingenuamente uma falsa transparência. Sócrates era um homem de aparência feia, mas a sua beleza pedagógica suplantava a feiura física.

Em conhecida "aula" (Lc 6,43) sobre árvores e frutos, Cristo reafirma uma metáfora clássica, recorrendo ao quiasmo: é impossível à árvore boa-bela (*déndron kalós*) produzir um fruto podre-feio (*karpós saprós*) e à árvore má-corruptora (*déndron saprós*) gerar um fruto belo-saudável (*karpós kalós*). A formação (est)ética do professor é condição indispensável para que desempenhe sua profissão com eficácia.

Eticamente, cabe ao docente investigar os princípios e os valores que (em tese) devem orientar as ações humanas, descobrindo formas de suscitar essa reflexão entre os alunos. Esteticamente, cabe ao docente despertar em si e nos demais a reflexão sobre a arte, relacionando-a com tantos outros temas – a história, a mitologia, a política, a censura, a psicanálise, a cultura, a tecnologia, etc. (Est)eticamente, cabe ao docente inventar formas belas-boas de pensar e agir, formas atraentes e inesquecíveis de atuar em sala de aula.

Os textos de Edgar Morin são bons e belos. Num deles, o pensador francês oferece uma definição estética da vida humana:

> A vida é um tecido mesclado ou alternativo de prosa e de poesia. Pode-se chamar de prosa as atividades práticas, técnicas e materiais que são necessárias à existência. Pode-se

chamar de poesia aquilo que nos coloca num estado segundo: primeiramente, a poesia em si mesma, depois a música, a dança, o gozo e, é claro, o amor. (MORIN, 2003, p. 58-59)

Uma aula viva: prosa e poesia. Ou até mesmo "proesia". A proeza está em conjugar informação e beleza, cálculo e imaginação, ciência e inspiração. Projetos que podem ser realizados por um professor, individualmente, mas também em duplas ou em grupos maiores. Experiências ricas: tecer conhecimento biológico e arte teatral, informática e poesia, física e escultura, investigação histórica e música, ousar outras tantas combinações interdisciplinares, visando à etapa da maturidade, que é transdisciplinar.

Transdisciplinar, transcendência. Não é tão difícil. Nem fácil. Precisamos nos espelhar em professores-artistas para provar a nós mesmos que é factível. Como o cientista, poeta e professor polonês (naturalizado norte-americano) Roald Hoffmann (1937-), ganhador do Prêmio Nobel de Química de 1981. Desde meados da década de 1970 dedica-se à poesia, produzindo poemas como este, intitulado "Tsunami":[13]

> Um sóliton é
> uma singularidade
> numa onda
> movente, beirada
> a se deslocar exatamente
> nesta direção. Vimos
> um, certa vez,
> quando filmávamos,
> atravessando impensada-
> mente
> uma superfície platinada.
> Sólitons passam
> uns
> através
> dos outros,
> imperturbáveis.
> Você é uma onda.
> Não está de pé, nem
> viajando, nem satisfazendo

---

[13]Disponível em: <http://www.roaldhoffmann.com/pn/modules/Downloads/docs/Tsunami.pdf >. Acesso em: 13 junho 2008.

equações.
Você é uma onda
insubmissa à análise
(Fourier).
Você é uma onda, em
seus olhos eu mergulho
com tudo.
Não somos sólitons,
nada podemos atravessar
inalterados.

Os professores de Física, Literatura e Biologia poderiam unir-se em torno das imagens e conceitos do poema para uma discussão que transbordaria os limites, relativizando as fronteiras que separam ciência de poesia.

Arte de ensinar e encontro

A arte de ensinar é arte do encontro. López Quintás elaborou cuidadosamente o conceito de *encuentro*, com o qual podemos, como o peixe Pixote, reavaliar e reinventar o nosso entorno.

Não basta estar no meio da multidão para pertencer a uma comunidade. Não basta estar dentro de uma sala de aula para pertencer a um grupo que se uniu em busca do conhecimento. Encontro significa "entrelaçamento", intercâmbio de possibilidades. Não basta escrever uma palavra ao lado da outra para compor um texto. Não basta juntar cores para compor uma pintura. Não basta posicionar várias pessoas dentro de um palco para que nasça uma apresentação teatral. Em todos esses exemplos, o encontro exige uma relação reversível.

As palavras de um texto conversam entre si, formando frases, que se entrelaçam e formam períodos, que se entrelaçam e formam parágrafos, que se entrelaçam e formam capítulos, etc. Essa imagem construtiva serve, por analogia, para a música (Mozart dizia que compor era juntar notas que se amam), a pintura, a escultura... Como num tabuleiro de xadrez, cada peça do jogo da arte, e da vida, desempenha um papel, deve cumprir certas "missões", adquire valor; os elementos do jogo entrecruzam-se, somam-se sem perderem individualidade, interagem com os demais. É insuficiente, dentro de uma escola, que haja diferentes disciplinas superpostas num quadro de horários. O estudo de um idioma estrangeiro precisa conversar com a biologia, a física, a química. O estudo de história vai conversar com a língua portuguesa (etimologia como interface), com a filosofia. Essas "conversas" fazem entrar em jogo outro conceito de López Quintás, intimamente relacionado ao encontro: o *âmbito* (LÓPEZ QUINTÁS, 2004, p. 105-181).

É que o âmbito nasce do encontro, desse influxo mútuo e desse mútuo enriquecimento entre duas ou mais realidades. A sala de aula como espaço físico ainda não é um âmbito. Podemos colocar móveis lá dentro, e até "encher" de gente. Mas ainda não constitui um campo de jogo, um "tabuleiro" em que alunos e professores dialoguem verdadeiramente e caminhem para uma unidade dinâmica. Professores e alunos precisam tomar iniciativas para que a sala de aula seja uma fonte de possibilidades criativas.

A arte de ensinar como a arte de criar um âmbito de aprendizagem, em convergência de intenções, ainda que não faltem divergências e diferenças entre professores e alunos. As diferenças e divergências podem acarretar indiferença! O encontro torna as diferenças produtivas. A aula como um texto construído por todos.

Vem a calhar uma historieta que Paulo Freire contava, nascida de sua vivência e que ilustra o diálogo como "instrumento" ambitalizador, transformando o que seria hostilidade ou mera indiferença em aprendizado mútuo. São palavras suas numa palestra realizada em 23 de janeiro de 1982, numa Comunidade Eclesial de Base em São Paulo:

> Eu me lembro [...] de um jogo que eu fiz no Chile, no interior, numa casa camponesa, onde os camponeses também estavam inibidos sem querer discutir comigo, dizendo que eu era doutor. Eu disse que não e propus um jogo que era o seguinte: eu peguei um giz, fui pro quadro negro e disse: eu faço uma pergunta a vocês e, se vocês não souberem, eu marco um gol. Em seguida vocês fazem uma pergunta pra mim, e se eu não souber, vocês marcam um gol.
>
> Quem vai fazer a primeira pergunta sou eu, eu vou dar o primeiro chute. E então, de propósito, eu disse: eu gostaria de saber o que é a hermenêutica socrática. Já disse mesmo um treco difícil, treco que veio de mim, um intelectual. Eles ficaram rindo, não sabiam o que era isso. Aí eu botei um gol para mim. Agora é vocês. Um deles se levanta de lá e me faz

uma pergunta sobre semeadura. Eu não entendia pipocas, como semear não sei o quê... Aí eu perdi, foi um a um. Aí eu disse, segunda pergunta: o que é a alienação em Hegel? Aí, dois a um. Aí eles levantaram de lá e me fizeram uma pergunta sobre praga. Foi um negócio maravilhoso. Chegou a 10 a 10, e os caras se convenceram no final do jogo que, na verdade, ninguém sabe tudo e ninguém sabe nada.[14]

A palavra criativa é o melhor recurso de que o professor dispõe. Essa palavra abre espaço para a verdade do encontro, indo em direção ao outro ao mesmo tempo que encoraja o outro a assumir seu papel no jogo do aprender-ensinar. A aula poética inventa a verdade. Não se pode mentir em poesia, porque tudo o que se inventa, esteticamente falando, é verdade. A arte inventa a vida, e essa vida não é mentirosa, tal como entendemos a mentira em seu significado cotidiano.

A aula é encontro se houver espírito de infância, criação de situações que detêm o tempo. Quando nos encontramos numa situação criadora, ambital, lúdica, o tempo não passa. Paramos de envelhecer. Deixamos de ser adultos adulterados e reencontramos a alegria de pensar, imaginar, fabular.

Atitude de abertura para a vida como "lugar" de confluências. Não a ingenuidade tola de achar que este mundo é o paraíso, ou de que alguém, em algum ponto do mundo, reuniu os destroços do paraíso e o reimplantou no planeta. Ninguém é surdo ou cego. Já não acreditamos em paraísos capitalistas ou comunistas. Mas também não temos o direito à de(x)istência. A arte nos faz escapar dessa falsa alternativa: alienação ou depressão. A arte reconcilia, à margem de milenarismos e demagogias, a dor e a beleza, a paixão e a desilusão, a lucidez, o encanto e o desencanto.

A arte abre caminhos onde não há caminhos. Um caminho não se reduz a uma forma sinuosa ou retilínea por onde corremos, apressados, como a fugir de tudo... e de nós mesmos. Caminho é comunicação e vínculo, e por isso está carregado de simbolismo.

Abrir caminhos, dedicar-se à arte de ensinar, é atividade repleta de incertezas quanto ao desenrolar dos acontecimentos, à

---

[14] Essa fala foi retirada de um livreto intitulado *Como trabalhar com o povo?*, impresso pelo Centro de Capacitação Cristã. Não há referência a datas, mas possivelmente foi publicado no próprio ano de 1982.

reação dos alunos, aos resultados. Incertezas não assustam o artista. A vida é incerta, a despeito de nossos esforços e conjecturas. O relacionamento humano é incerto. A arte nos ensina que a vida é uma obra de arte em andamento, repleta de surpresas:

> [...] talvez o único propósito da humanidade neste mundo consista no processo incessante de perseguir um objetivo ou, em outras palavras, viver. Viver e não atingir coisa alguma, que sempre tem de ser algo como dois vezes dois igual a quatro, uma fórmula, algo que, afinal, não é vida, caros senhores, mas o começo da morte. (DOSTOIÉVSKI, 1972, p. 304)

Queremos e não queremos terminar a obra de arte, queremos e não queremos o ponto final. O poeta e pensador Paul Valéry (1871-1945) dizia, em tom sério e brincalhão, que só sabia ter concluído um livro quando o editor vinha buscá-lo. Na escola, afinal, o que perseguimos, que objetivos temos? Queremos entender tudo, dominar os conceitos e as fórmulas para dominar o mundo? Ou o objetivo é aprender a viver, sabendo, claro, que duas vezes dois são quatro, mas que nem sempre as contas batem?

Era uma vez dois ladrões, que foram presos e levados à presença do rei, para quem todo e qualquer roubo deveria ser punido com a morte. Antes, porém (eis o momento em que as contas não batem, em que o narrador adia o fim da história), o rei permitia aos dois condenados um último desejo.

O primeiro ladrão pediu ao rei que lhe fosse servido um jantar inesquecível com as melhores iguarias e bebidas. O rei disse: "Será atendido, e amanhã cedo... a morte."

O último desejo do segundo ladrão era outro. Pedia que sua vida fosse poupada em troca de um presente: faria o cavalo do rei aprender a voar. O rei perguntou ao homem em quanto tempo realizaria tal proeza. O condenado disse que precisaria de um ano.

Enquanto o rei deliberava com seus conselheiros, o primeiro ladrão dirigiu-se ao companheiro, sussurrando:

– Você enlouqueceu de vez? Tem consciência do que está prometendo ao rei? Cavalos não voam!

– Tem razão – respondeu o segundo ladrão, – mas você esquece que posso ter três ou quatro chances de continuar a viver um pouco mais. Você, em troca de um mero jantar, morrerá amanhã cedo.

– Que chances são estas?

– Veja. Ao longo de doze meses muitas coisas podem acontecer. O rei pode falecer, e o seu sucessor, menos cruel, talvez me perdoe ou transforme a pena capital em alguns anos de cadeia. O cavalo pode morrer de morte natural, e estarei desobrigado de entregar o presente, mas beneficiado pelo pedido atendido. Eu mesmo posso morrer por outra qualquer razão, em data já definida pelo destino. Ou... posso me tornar o primeiro homem na história a conseguir que um cavalo saia voando pelos céus!

Finalmente o rei disse: "Concedo-lhe um ano para ensinar o meu cavalo a voar."

No dia seguinte, depois daquele jantar inesquecível... o primeiro ladrão foi enforcado, e o segundo ladrão começou a dar aulas de voo ao cavalo do rei.

Onze meses se passaram. Enquanto apreciava suas terras pela janela do palácio, o rei passou mal e morreu do coração.

Quanto ao segundo ladrão... nem ele nem o cavalo voador foram vistos novamente.

Arte e verdades

O pensador Ortega y Gasset relata num ensaio, originariamente publicado em jornal (destinado, portanto, a todo tipo de leitor, especializado ou não) uma experiência estética impactante. Definindo-se como espanhol típico e, portanto, "sem imaginação", homem realista, avesso ao difuso, ao equívoco, ao movediço, Ortega relata a vertigem que sentiu ao entrar inadvertidamente numa catedral gótica:

> Eu não sabia que dentro de uma catedral gótica habita sempre um torvelinho [...]. Subitamente, de mil lugares, dos altos cantos escuros, dos vidros confusos dos vitrais, dos capitéis, das remotas chaves, das arestas intermináveis, se descolaram sobre miríades de seres fantásticos, como animais imaginários e excessivos, grifos, gárgulas, monstruosos cães, aves triangulares; outras figuras inorgânicas, mas que em suas acentuadas contorções, em sua fisionomia ziguezagueante poderiam parecer animais incipientes. E tudo isso veio sobre mim rapidamente [...]. (ORTEGA Y GASSET, 2002, p. 60-61)

Era como se toda a baixa Idade Média desabasse sobre aquela cabeça formada pelo neokantismo. A verdade agressiva do gótico entrava em choque com a verdade orteguiana. A religiosidade ascendente do gótico lhe parece petulante e excessiva. Assustado, o filósofo reagiu instintivamente, saiu da igreja, queria de novo o chão firme, o sol do meio-dia, o finito. A sinceridade com que relata a experiência leva a uma conclusão igualmente sincera:

> [...] estas comoções são oportunas; aprendemos com elas nossas limitações, ou seja, nosso destino. Com a limitação, que colocou em nossos nervos uma herança secular, aprendemos a existência de outros universos espirituais que nos limitam, cujo interior não podemos penetrar; mas que resistindo a nossa pressão, nos revelam que estão aí, que começam aí onde nós acabamos. (ORTEGA Y GASSET, 2002, p. 62)

A experiência estética nos faz perceber a variedade, a multiplicidade, a complexidade, as diferenças, as muitas verdades que nos rodeiam e solicitam nossa atenção. As sensibilidades voltadas para o concreto e o material sofrem com a presença das sensibilidades góticas, transcendentais. E vice-versa. Observemos que Ortega usou o verbo "aprender". A arte, contrariando ou afirmando nossas inclinações, gostemos ou não do que estamos vendo ou ouvindo, sempre nos ensina algo sobre a nossa humanidade.

A escola como lugar adequado para ampliar nossa experiência estética, contanto que professores e alunos, a exemplo de Ortega, deixem-se abalar pessoalmente pelas obras de arte. *Nemo dat quod non habet*, diz um adágio latino – ninguém dá aquilo que não tem. E uma bela frase de Boécio (480?-524) parece completar esse pensamento. Ninguém deveria omitir-se na busca de sua própria formação estética: "Que grande é o vosso erro se pensais que alguém possa embelezar-se com joias alheias!" (*Consolação da filosofia*, Livro 2, prosa 5). Se cada qual deve criar o seu sistema pessoal de convicções, o mesmo podemos afirmar acerca de uma estética pessoal.

A nossa dimensão *homo aestheticus* é tão ou mais importante do que as que nos definem como seres racionais (*homo sapiens*), políticos e sociais (*homo politicus, homo socialis*), construtores (*homo faber*), livres (*homo volens*), comunicativos (*homo loquens*). Desenvolver nossa sensibilidade para o artístico é uma questão de sobrevivência, na medida em que integre um projeto de humanização.

Há um desenho animado chamado *The art of survival* que vale a pena conhecer e comentar. A história começa numa "sala de aula" de camaleões. O professor camaleão está ensinando a três alunos a arte de ser camaleão, de adaptar-se ao *habitat* natural. Mostra, com grande autoridade, que um camaleão deve ficar verde, da cor das folhas verdes, para que os inimigos não o identifiquem!

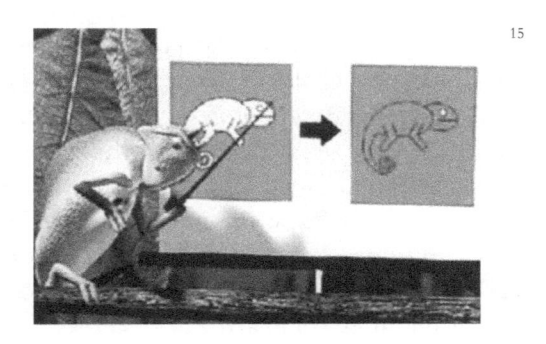

Um dos três alunos, porém, está meio distraído, e na hora da prova não consegue ficar verde como os seus colegas. O professor, consternado, alerta para o perigo de não saber camuflar-se. Nesse momento, uma águia sobrevoa o grupo. O professor e os dois bons alunos ficam verdes como as folhas verdes, mas o mau aluno se atrapalha e fica amarelo, tornando-se alvo fácil para o predador. Desesperado, busca um esconderijo e acaba encontrando uma superfície amarela, sobre a qual se joga, tentando enganar a águia.

A superfície amarela é o teto de um ônibus, que se dirige à cidade grande, onde o camaleão é capturado por um homem. O jovem camaleão, num esforço derradeiro, tenta mudar de cor para escapar ao inimigo, e mais uma vez não consegue. Mas o homem é na verdade um pintor, que descobre no pequeno animal o tema perfeito para uma série de quadros.

Nas últimas cenas do curta-metragem, pintor e camaleão são homenageados numa concorrida *vernissage*. Assumindo cores e texturas improváveis, o camaleão teve um futuro profissional mais brilhante do que o professor poderia prever.

A metáfora é óbvia. Na escola, a estética (e a ética) dominante recomenda que nos adaptemos ao gosto comum, ao socialmente

---

[15] Dirigido por Cassidy J. Curtis (EUA), 1998: *Anima Mundi*, 1999. Disponível em: <http://www.siggraph.org/artdesign/gallery/S99/animation/art_qt.html>. Acesso em: 10 setembro 2008.

aceitável. Com facilidade e rapidez devemos adquirir a aparência, as atitudes, as opiniões, o comportamento e o caráter que nos ajudarão a sobreviver em sociedade. A arte da sobrevivência é a arte da conveniência.

Inconveniente é o aluno que não se adapta, que não se torna "apto", que não segue a apostila, que não entende o manual. Não havia lugar para o aluno camaleão destoante. Não era destoante por maldade, nem por maldade o professor o repreendia. É a lei da selva... ou da vida. Uns se adaptam, outros não.

O problema do aluno camaleão desastrado (a um passo da reprovação) estava no "excesso de criatividade". Sua verdade era, dentro da escola, uma mentira. Sua fraqueza era a sua força, mas a sua força era desaproveitada e desaprovada. Teve de sair (fugir?) da escola para encontrar-se como artista.

O professor camaleão, por outro lado, perdeu a excelente chance de aprender com o aluno "desajustado". Sem dúvida, é arriscado quebrar rotinas, e, do ponto de vista da eficácia comprovada, a tradição camaleônica é mais do que legítima. Muito mais fácil tornar-se verde como as folhas verdes do que, em troca da reação correta, ir em busca do desconhecido e do duvidoso, relativizando a técnica da camuflagem tão arduamente conquistada e transmitida de geração em geração.

As verdades da escola não são ruins, ou não são de todo ruins. São apenas previsíveis, e em certos casos inócuas. Não condenemos o "tradicional" apenas pelo fato de sê-lo. A pergunta que importa fazer neste momento é a seguinte: há lugar, dentro da escola brasileira, para o artista, ou ele, justamente porque precisa sobreviver e viver, terá de buscar outros cenários para as cores, as palavras, as histórias, as formas que inventa?

Na parábola dos ladrões e do cavalo voador, sobreviveu também o "aluno" que ousou inventar um último desejo inédito, que deixou de ser o último para ser o começo de uma nova vida. O desejo convencional do jantar é o primeiro que vem à mente. O ladrão sem imaginação cumpriu à risca, e, com louvor, a antiga instrução: adaptou-se prontamente ao modelo correto do condenado à morte. Nada de errado em sua decisão. Apenas não sobreviveu tanto quanto o segundo ladrão, que teve a ideia absurda de ensinar o cavalo a voar.

Como terão sido as aulas que o segundo ladrão ministrou ao cavalo e fizeram o impossível acontecer? E tudo indica que o rei morreu do coração ao ver o cavalo voando um mês antes do combinado! O ladrão sobrevivente descobriu-se um honesto recriador de cavalos, e mereceu a liberdade.

Uma sociedade sem artistas é uma sociedade repetitiva, sem esperança, condenada à morte. Suas melhores energias hão de desaparecer mais cedo ou mais tarde. Muito de sua criatividade será empregada na manutenção do poder de quem dele se beneficia, por meio de inchaços burocráticos associados a todo tipo de controle, quando não pela violência explícita.

O professor-artista olha ao seu redor, analisa o seu entorno com radicalidade. Como o peixe Pixote, tem muito a fazer no seu *habitat*, transformar o lago escuro em âmbito de aprendizado. Seu pensamento, sua paixão e sua imaginação estão agora em jogo.

Ensinar e aprender verdades. Um personagem de Clarice Lispector, um professor que surge no romance *A maçã no escuro* representa a postura do não artista. O professor é idolatrado pelas personagens femininas, Vitória e Ermelinda. Uma delas, Vitória, querendo elogiá-lo, chega a afirmar que deveria escrever um romance. A reação do professor é imediata:

> – Não poderia! [...], aí é que está! Não poderia, exclamou penoso, não poderia porque tenho todas as soluções! já sei como resolver tudo! não sei como sair desse impasse! para tudo, disse ele abrindo os braços em perplexidade, para tudo eu sei uma resposta! (LISPECTOR, 1998a, p. 211)

Procuremos respostas, sempre, mas sem idolatrá-las como se fossem soluções definitivas, porque problemas novos sempre há por aí. O contato com obras de arte de todos os tempos, com propostas diferentes, ensina-nos que cada uma tem racionalidade própria. Cada romance, cada poema, cada fotografia, cada gravura, cada obra de arte nos faz ver o mundo por outros ângulos, revela outros aspectos verdadeiros do mesmo lago escuro, mostra o cavalo começando a voar, o camaleão colorido e suas tentativas inúteis de ser igual aos outros.

A leitura do mundo, das artes, dos livros é uma grande promessa de autoeducação. Quando deparamos com uma obra de arte que vale a pena reler, rever e revisitar, encontramos um novo lago a mergulhar.

Numa passagem do livro *Mr. Vertigo*, do norte-americano Paul Auster (1947-), o protagonista comenta que via seu mestre, o enigmático e incongruente Mestre Yehudi, lendo sempre o mesmo livro, um gasto volume verde:

> Era escrito em latim, vejam só, e o nome do autor era Spinoza – um detalhe de que nunca me esqueci, mesmo depois de tantos anos. Quando perguntei ao mestre por que não parava de estudar o mesmo livro, ele me disse que era porque nunca se podia alcançar suas profundezas. Quanto mais fundo se mergulhava nele, mais havia pela frente e mais se demorava para ler.
>
> – Um livro mágico – disse eu. – Nunca se esgota.
>
> – Isso mesmo, sabichão. É inexaurível. Bebemos o vinho, colocamos o copo na mesa e eis que voltamos a pegá-lo e descobrimos que ainda está cheio.
>
> – É como ficar bêbado como um gambá pelo preço de um só drinque.
>
> – Não podia ter se expressado melhor – disse ele, dirigindo de repente o olhar para a janela. – Ficamos bêbados com o mundo, garoto. Bêbados com o mistério do mundo. (AUSTER, 1994, p. 129)

Experiências desse tipo, que se aproximam do antigo conceito de contemplação, fazem-nos olhar em êxtase para fora de nós mesmos, e também para dentro, com olhos livres, inebriados com o mistério. O mistério é estarmos vivos. E por não compreendermos tudo, ultrapassamos o número dos nossos passos, ganhamos tempo, lucidez, reunimos com o máximo de zelo o conhecimento possível. A lucidez acarreta a responsabilidade de ensinar.

A experiência estética (todo o estudo pode converter-se em experiência de beleza) torna-nos mais confiantes no poder criativo do ser humano, em nossa capacidade para admirar belezas, ansiar verdades, realizar coisas boas. E, pensando bem, até mesmo reconhecer o que há de perverso na vida humana (perversão é a pior versão) desperta nosso desejo de perfeição, outro "impossível necessário".

Entre perfeição e perversão, caminhamos, corda bamba balançando, olhar fixo no horizonte, olhar estatelado no abismo, olhar perdido no céu.

O livro *Mr. Vertigo* conta a barulhenta e atropelada história de um menino que aprende a levitar graças ao mestre exigente, paternal, empreendedor, azarado, mestre doido e genial. A certa altura, depois de ter começado a voar sozinho, o jovem se delicia com a habilidade adquirida:

> No início, nunca me afastava do roteiro, seguindo rigidamente os passos que o mestre e eu combinávamos de antemão, mas isso já ficara para trás – eu pegara o jeito, e não tinha mais medo de inovar. A locomoção sempre fora meu forte. Era o centro do meu número, aquilo que me destacava de todos os outros levitadores que me antecederam, mas minha altitude continuava mediana, nunca passando de um metro e meio. Queria melhorar este ponto, dobrar ou até mesmo triplicar essa marca, mas já não podia me dar ao luxo de praticar o dia todo, de treinar sob a supervisão do mestre dez ou doze horas seguidas. Eu era um profissional, com todos os compromissos e horários que isso acarretava, e o único lugar onde podia praticar era diante do público.
>
> E foi isso que eu fiz [...]. Alguns dos meus melhores truques datam dessa época e, sem os olhos do público me esporeando, duvido que tivesse encontrado a coragem para metade das coisas que fiz. [...]. Desde que pudesse imaginar o objeto que eu queria, desde que pudesse visualizá-lo com o máximo de clareza e definição, estava à minha disposição durante o show. Foi assim que criei as partes mais memoráveis do espetáculo: o número da gangorra, o número da corda bamba, e outras incontáveis inovações que introduzi. Esses truques não só aumentavam o prazer do público como também me alçaram a uma relação totalmente nova com meu trabalho. Já não era mais um simples robô, um macaco treinado que fazia os mesmos truques em todos os shows. Estava me tornando um artista, um verdadeiro criador que atuava tanto por si mesmo quanto pela plateia. [...] Quando a única motivação é ser adorado, reverenciado pelas massas, o sujeito tende a adquirir maus hábitos e, mais cedo ou mais tarde, o público se cansa dele. É preciso continuar se testando, empurrando o talento até o limite. O artista se aprimora para si mesmo, mas no final é a luta para melhorar que encanta seus fãs. Esse é o paradoxo. (AUSTER, 1994, p. 135-137)

Estudar e treinar para ser um artista (todo o profissional digno deste nome deve ser um artista, neste sentido), empurrar o talento até o limite, ir um pouco mais rápido, fazer um pouco melhor a cada dia, surpreender-nos com um esforço mais bem direcionado, tudo isso vai confirmando a nossa vocação. A vocação profissional traz embutida a vocação para estudar.

Estudar é a espinha dorsal da arte de ensinar. Num texto de rara beleza, híbrido, com texto em prosa e poemas, Jorge Larrosa (1958-) penetra no ato de estudar tão longe quanto é possível:

> O estudante escreve por fidelidade ao que leu e por fidelidade à possibilidade da leitura, para compartilhar e transmitir essa possibilidade, para acompanhar a outros até o umbral no qual pode dar-se, talvez, essa possibilidade. Um umbral que não lhe está permitido franquear. Mas isso será, talvez, mais tarde. Agora está estudando. (LARROSA, 2003, p. 95)

No fim, no meio e no princípio, são os verbos: ler e perguntar, ver e ouvir, sentir e pensar, escrever e estudar. *Studium*, em latim, é dedicação, gosto, amor. Verdades vão surgindo. Não necessariamente originais, mas originárias. E deflagram em nós possibilidades, caminhos e iluminações.

Estudar é praticar a arte da pergunta. E ensinar os nossos alunos a perguntarem.

De onde viemos?

Para onde vamos?

Quem somos, afinal?

Questões (antigas e novas) que surgem quando nada nos distrai. "Se viemos do nada, é claro que vamos para o tudo", responde Guimarães Rosa, nosso grande platônico (GUIMARÃES ROSA, 2001, p. 40).

Somos nossas decisões. Somos o que aprendemos e o que ensinamos.

Somos a impossível possibilidade do voo.

Referências

AGOSTINHO. *Confissões*. São Paulo: Nova Cultural, 1996.

AGOSTINHO. De la verdadera religión. Em: *Obras de San Agustín*. Madrid: La Editorial Católica / BAC, t. IV, 1956.

ALAIN. *Propos sur l'esthétique*. Paris: PUF, 1949.

AMENGUAL, B. *Chaves do cinema*. Rio de Janeiro: Civilização brasileira, 1973.

ASSIS BRASIL. *Dicionário do conhecimento estético*. Rio de Janeiro: Ediouro, 1984.

AUSTER, P. *Mr. Vertigo*. São Paulo: Best Seller, 1994.

BARROS, M. *Livro sobre nada*. Rio de Janeiro: Record, 1996.

BAUMGARTEN, A. G. *L'estetica*. Palermo: Aesthetica Edizioni, 2000.

BERKELEY, G. *The principles of human knowledge*. London/Glasgow: Collins/The Fontana Library, 1966.

BRAMLY, S. *Mona Lisa*. London: Thames and Hudson, 1996.

CABRERA, J. *O cinema pensa: uma introdução à filosofia através dos filmes*. Rio de Janeiro: Rocco, 2006.

CARCHIA, G.; D'ANGELO, P. *Dicionário de estética*. Lisboa: Edições 70, 2003.

CARLIN, C. L.; WINE, K. *Theatrum Mundi: studies in honor of Ronald W. Tobin*. Charlottesville: Rookwood Press, 2003.

CHESTERTON, G. K. *São Francisco de Assis e São Tomás de Aquino*. Rio de Janeiro: Ediouro, 2003.

Cioran, E. De l'inconvénient d'être né. Em: *Oeuvres*. Paris: Gallimard, 1995.

Collingwood, R. G. *An autobiography*. Oxford: University Press, 1939.

Cooper, D. E. *A companion to aesthetics*. Cambridge: Blackwell, 1992.

Cummings, E. E. *O tigre de veludo (alguns poemas)*. Brasília: UnB, 2007.

Dias, G. *Obras poéticas*. São Paulo: Nacional, v. 1, 1944.

Dostoiévski, F. *Notes from the underground*. Harmondsworth: Penguin, 1972.

Eco, U. *Arte e beleza na estética medieval*. Rio de Janeiro: Globo, 1989.

ECO, U. *Il problema estetico in Tommaso d'Aquino*. Milão: Bompiani, 1982.

Espanca, F. *Sonetos completos*. 8. ed. Coimbra: Livraria Gonçalves, 1950.

Giddens, A. *Mundo em descontrole*. Rio de Janeiro: Record, 2000.

Guimarães Rosa, J. *Tutaméia*. 8. ed. Rio de Janeiro: Nova Fronteira, 2001.

Hamburger, J. *Uma trajetória poética do cotidiano*. Rio de Janeiro: Francisco Alves, 1993.

Harrison, C.; Wood, P. *Art in theory 1648-1815*. Oxford: Blackwell, 2001.

Heidegger, M. *A origem da obra de arte*. Lisboa: Edições 70, 2004.

Junqueira, S. *O peixe Pixote*. 12. ed., 2. impr. São Paulo: Ática, 2007.

Kant, I. *Crítica da faculdade do juízo*. 2. ed. Rio de Janeiro: Forense Universitári, 2008.

Kemp, M. *Leonardo da Vinci*. Rio de Janeiro: Zahar, 2005.

Lalande, A. *Vocabulário técnico e crítico da filosofia*. 3. ed. São Paulo: Martins Fontes, 1999.

Larrosa, J. *Estudar*. Belo Horizonte: Autêntica, 2003.

Lima, J. *Poesia completa*. Rio de Janeiro: Nova Aguilar, vol. III, 1998.

LISPECTOR, C. *A maçã no escuro*. Rio de Janeiro: Rocco, 1998a.

LISPECTOR, C. *Felicidade clandestina*. Rio de Janeiro: Rocco, 1998b.

LISPECTOR, C. *Onde estivestes esta noite*. 7. ed. Rio de Janeiro: Francisco Alves, 1994.

LISPECTOR, C. *Para não esquecer*. Rio de Janeiro: Rocco, 1999.

LOBATO, M. *O presidente negro*. São Paulo: Globo, 2008.

LÓPEZ QUINTÁS, A. *Inteligência criativa: descoberta pessoal de valores*. São Paulo: Paulinas, 2004.

LÓPEZ QUINTÁS, A. *La formación por el arte y la literatura*. Madrid: Rialp, 1993.

MARÍAS, J. *A felicidade humana*. São Paulo: Liv. Duas Cidades, 1989.

MAY, R. *Minha busca da beleza*. Petrópolis, Vozes, 1992.

MENDES, M. *Poesia completa e prosa*. Rio de Janeiro: Nova Aguilar, 1994.

MORIN, E. *Amor, poesia, sabedoria*. Rio de Janeiro: Bertrand Brasil, 2003.

NIETZSCHE, F. *O nascimento da tragédia ou helenismo e pessimismo*. 3. ed., 7. reimpr. São Paulo: Companhia das Letras, 2003.

ORTEGA Y GASSET, J. *Adão no paraíso e outros ensaios de estética*. São Paulo: Cortez, 2002.

OSTROWER, F. *A grandeza humana: cinco séculos, cinco gênios da arte*. Rio de Janeiro: Campus, 2003.

PATER, W. *The Renaissance: studies in art and poetry*. Berkeley, Los Angeles and London: University of California Press, 1980.

PERISSÉ, G. *Introdução à filosofia da educação*. Belo Horizonte: Autêntica, 2008.

PERISSÉ, G. *Literatura & educação*. Belo Horizonte: Autêntica, 2006.

PERISSÉ, G. *O elogio da leitura*. Barueri (SP): Manole, 2005.

PERISSÉ, G. *O leitor criativo*. 3. ed., São Paulo: Ômega Editora, 2004.

PERISSÉ, G. *O professor do futuro*. Rio de Janeiro: Thex, 2002.

PESSOA, F. *Obras em prosa*. Rio de Janeiro: Nova Aguilar, 1986.

PLATÃO. *A República*. 3. ed. rev., Belém: UFPA, 2000.

PLATÃO. *Fedro*. Belém: UFPA, 1975.

PLATÃO. *Ion – Ménexène – Euthydème – Cratyle.* Paris: Gallimard, 1989.

PRADO, A. *Poesia reunida.* São Paulo: Arx, 1991.

READ, H. *O sentido da arte: esboço da história da arte, principalmente da pintura e da escultura, e das bases dos julgamentos estéticos.* 8. ed. São Paulo: Ibrasa, 1999.

RILKE, R. M. *Cartas a um jovem poeta – A canção de amor e de morte do porta-estandarte Cristóvão Rilke.* 2. ed., rev., 7. reimpr. São Paulo: Globo, 2001.

SARAMAGO, J. *Ensaio sobre a cegueira.* 20. reimpr. São Paulo: Compainha das Letras, 2001.

SCHOPENHAUER, A. *Metafísica do belo.* São Paulo: Editora UNESP, 2003.

SOURIAU, É. *As duzentas mil situações dramáticas.* São Paulo: Ática, 1993.

SOURIAU, É. *Vocabulaire d'esthétique* (publicado sob a direção de Anne Souriau). 2. ed., Paris: Quadrige/Presses Universitaires de France, 2004.

STEINER, George. *Gramáticas da criação.* São Paulo: Globo, 2003.

TCHECOV, A. *Os males do tabaco e outras peças em um ato.* 2. ed. São Paulo: Ateliê Editorial, 2003.

UÑA JUÁREZ, A. *Cántico del universo: la estética de San Agustín.* Madrid: Complutense, 2000.

WILDE, O. *The soul of man under socialism.* Montana: Kessinger Publishing, 2005.

Este livro foi composto com tipografia Bembo e impresso
em papel Off Set 75 g/m² na Gráfica Forma Certa